Le Texte de Rimbaud

DU MÊME AUTEUR

Le Pressentiment, roman, Seuil, 1961

Les Images, roman, Seuil, 1963

Personnes, roman, Seuil, 1967

La « Création » – premier état : l'année, roman Seuil, 1970

L'Effet-cinéma, essai, Albatros, 1976

Proust, Freud et l'autre, essai, Minuit, 1984

Personnages dans un rideau, roman, Seuil, 1991

Clémence ou l'hypothèse de la beauté, roman, Seuil, 1996

La Main d'un ange dans la fente du sarcophage, essai, Comp'Act, 1999

À celle qui n'a pas de nom, roman, Seuil, 2000

L'Âge de la lecture, essai, Gallimard, 2000

Nos plus belles idées, Presses Universitaires de Vincennes, 2004

JEAN-LOUIS BAUDRY

LE TEXTE DE RIMBAUD

Préface de Laurent Zimmermann

ÉDITIONS CÉCILE DEFAUT

© ÉDITIONS CÉCILE DEFAUT, 2009
15, RUE DE LA BARILLERIE – 44 000 NANTES

ISBN 978-2-35018-084-7

PRÉFACE

UNE AUTRE MANIÈRE DE LIRE RIMBAUD

Écrites pendant le mois de mai 1968, les pages de Jean-Louis Baudry aujourd'hui rééditées proposaient d'aborder Rimbaud d'une nouvelle et surprenante manière, née de l'audace et des qualités de ce que l'analyse textuelle permettait d'inventer. S'il y a nécessité de lire et de relire aujourd'hui ce texte, c'est précisément en vertu de ces qualités singulières, qui nous sont encore précieuses pour voir certains aspects essentiels de l'œuvre rimbaldienne auxquels nous ne pourrions pas être sensibles, ou pas suffisamment, sans cet abord.

Sans doute les analyses de Jean-Louis Baudry peuvent-elles se présenter comme la réponse à un certain enjeu fondamental : celui de présenter Rimbaud, le texte de Rimbaud, comme ce qui va mettre en jeu une « *coupure* », un moment de bascule avec lequel l'on assiste au « remplacement de la fonction expressive de la poésie par une fonction productive du texte ». Passage de la *littérature* à l'*écriture*, et remplacement de l'auteur par le texte. Autant de coordonnées qu'il importe de préciser afin de saisir leur fécondité pour aborder Rimbaud.

Supposer une fonction expressive de la poésie, c'est supposer que le poème est tourné, peu ou prou, vers le monde et qu'il cherche à le *re*présenter, non pas à produire quelque chose mais à *re*produire ce qui existe par ailleurs. Ce qui est en cause est donc le rapport entre les mots du poème et ce qui leur est extérieur, le monde. Si ce rapport existe, il faut supposer que le poème met en œuvre, d'une façon ou d'une autre, quelque chose tenant du registre de la représentation. Pourtant, le poème, ou tout texte en général, mais dans le cas de Rimbaud le poème, pourrait s'avérer être bien autre chose : telle est l'hypothèse de Jean-Louis Baudry. Autre chose, plus précisément, une manière de faire valoir le jeu du texte comme tel, une manière de mettre en mouvement un ensemble de relations qui sont celles du texte même et non plus de celui-ci avec ce qui lui serait extérieur. Pour quelle raison s'agira-t-il de s'orienter vers cette rupture ? Simplement pour sortir d'un certain nombre d'*a priori* qui sont ceux du monde dans lequel nous vivons, *a priori* liés à la représentation justement, dont l'établissement suppose la loi et la norme, une norme contraignante, asservissante et stérilisante. C'est qu'en effet la représentation, qui subordonne le texte à ce qu'il écrit, produisant pour ce faire du sens, finit par rapporter tout ce qui se présente à certains « signifié[s] ultime[s] » qui ont pour but d'empêcher le déploiement du « nouveau », de l'invention, de la découverte ; ainsi par exemple dans le domaine religieux (Dieu), puis politique (la classe dominante) ou encore sexuel (privilège de l'hétérosexualité notamment). Découvrir que la représentation et le sens qui la met concrètement en place sont des leurres qui rassemblent ce qui est en réalité dispersé, qui hiérarchisent ce qui ne se présente et n'existe que dans le désordre, tel est le premier « pas gagné » de la poésie; engager une lutte contre ces leurres, telle est la raison pour laquelle il s'agit, pour le poème, d'en rester au texte, dans une démarche qui n'est donc pas, loin s'en faut, narcissique et stérile comme on l'a parfois affirmé, mais tout au contraire, si du moins on s'en tient à la rigueur avec laquelle Jean-Louis Baudry travaille, aussi exigeante qu'ouverte et mobile.

S'il est possible de parler de passage de la *littérature* à l'*écriture*, c'est précisément pour désigner un semblable remplacement des questions de la représentation et du sens par celle du texte. La littérature est le nom d'un rapport à la représentation et à sa mise en œuvre par le sens. L'écriture, dans les pages de Jean-Louis Baudry, est le nom d'un retour du texte sur lui-même, d'une manière de procéder avec laquelle il n'y a « jamais de terme ultime », mais seulement un ensemble de séries dans lesquelles nous sommes pris.

« Nous », c'est-à-dire personne en particulier, car cette pensée implique encore une autre conséquence, celle de la destitution du sujet et en l'occurrence, plus précisément, de l'auteur. C'est que le sens suppose comme étai principal justement le sujet qui s'en croit maître, tandis qu'il n'est, soulignera l'analyse textuelle, que le jouet d'une multiplication et d'une diffraction du sens qui ruine le sens, d'une suite de sens multiples et fuyants qui sont tout autre chose que *le* sens. L'écriture aura donc pour corollaire l'effacement du sujet, et une manière de déjouer systématiquement toute possible présence du sujet dans le texte. C'est ce deuxième axe de lecture, certainement, qui s'avère le plus étonnant, le plus déroutant même, avec la distance, s'agissant de Rimbaud, comme le souligne Jean-Louis Baudry lui-même dans l'entretien qui suit son texte – on reviendra à cette question de la présence d'un entretien inédit dans le volume – puisque les poèmes de Rimbaud semblent si souvent, de manière assez forte et marquée, liés au moins partiellement à la trajectoire subjective qui les a vus naître.

Deux grands présupposés, donc – le texte contre la représentation et le sens, l'effacement de l'auteur – gouvernent ces pages ; ils sont accompagnés d'autres, plus précis, qui complexifient la situation, comme la distinction entre le *texte culturel* auquel Rimbaud a affaire et le *texte social* auquel il s'affronte également. Dans un cas, il s'agira de remettre en cause, en dévoilant par le poème le jeu du texte né par la mise en ordre du sens, le « code littéraire », « la rhétorique, la prosodie, le matériel métaphorique de l'époque, les thèmes » (autant d'éléments qui expliquent le passage du pastiche à la parodie mais aussi plus généralement le creusement de l'invention formelle chez Rimbaud), dans l'autre cas un ensemble à la fois idéologique (« ordre bourgeois, religion ») et historique (ce qui conduit à la lutte contre l'ordre social).

Autant de propositions, avec l'armature théorique principale de l'essai ou dans ses ramifications, qui s'inscrivent dans un contexte, et qui sont marquées de certaines influences, en particulier celle de Jacques Derrida. Postuler qu'il s'agit pour le poème de ruiner « la conception de l'écriture comme instrument secondaire au service de la représentation » notamment, ou parler plus directement de supplémentarité de la lettre, ces éléments, avec d'autres, évoquent le philosophe de *De la grammatologie*. On reconnaîtra également, avec l'attaque portée envers la figure de l'auteur, un questionnement qui allait bientôt connaître son apogée avec les textes de Michel Foucault puis, surtout, de Roland Barthes[1].

Mais sans doute n'est-il pas utile d'insister sur ce contexte, qui est relativement évident, et que du reste les pages de Jean-Louis Baudry ne dissimulaient aucunement, avec des références en notes très claires.

---

1. Michel Foucault, « Qu'est-ce qu'un auteur ? », dans *Dits et écrit I, 1954-1988*, Gallimard, 1994, p. 819-849, et Roland Barthes, « La mort de l'auteur », *Œuvres complètes III, 1968-1970*, Seuil, 2002, p. 40-45.

Ce qu'il importe de souligner, plutôt, est la manière dont les propositions de Jean-Louis Baudry permettent effectivement de lire Rimbaud, sur les textes duquel elles jettent une lumière vive, et juste. Car c'est cela qui frappe, avant tout, à la relecture de ce *Texte de Rimbaud*: ces moments où certaines pages, davantage que d'autres, décollent pour nous dire quelque chose d'immédiatement évident, et de fort, à propos de Rimbaud.

À propos de Rimbaud c'est-à-dire tout d'abord de textes précis. De ce point de vue, il faut relire notamment l'admirable analyse du « Bateau ivre », décisive, qui voit dans ce poème parmi les plus connus de l'œuvre rimbaldienne « un schéma métaphorique » proposant un modèle « du fonctionnement textuel qui renverse les rapports admis entre le sujet – l'auteur – et le texte (« le poème de la mer ») ». L'auteur, souligne Jean-Louis Baudry, « ne dispose plus du texte », mais au contraire c'est « le texte qui dispose de lui ». Autrement dit: « Le scripteur ne se distingue plus du milieu qui le porte (« L'eau verte pénétra ma coque de sapin »), de l'infini textuel métaphorisé évidemment dans le « Bateau ivre » par la mer, l'océan, et dans lequel se perd le sens du fleuve (du cours d'eau, de la voie de communication), mais donné surtout comme milieu de transformations, de métamorphoses, de contradictions non exclusives ». Et il est vrai que l'analyse textuelle telle qu'elle est développée par Jean-Louis Baudry trouve dans ce poème une illustration décisive, avec cette possible métaphorisation qui conduit à une lecture très convaincante. Il faut relire également l'analyse du « Sonnet des voyelles », et retrouver le rapprochement entre la « voyelle » et le « voir », puis la proposition du dépassement de l'opposition entre le vu et l'entendu[2]. Mais c'est également à une longue analyse d'*Une saison en enfer* que se livre Jean-Louis Baudry, qui voit dans ce seul livre publié par Rimbaud un moment où le sujet « qui ne s'est saisi que comme effet textuel (et fragment de ce texte) se met en position d'être réécrit par l'ensemble du texte qui l'a déterminé dans cet effet ». Grande manœuvre de récapitulation et de traversée qui fait de l'ouvrage « la relation de toutes les tentatives faites pour échapper à l'espace clos de la pensée et de l'idéologie occidentales ». Ce sont enfin des pages essentielles sur les *Illuminations* auxquelles s'ouvre le travail de Jean-Louis Baudry, qui considère ce texte ultime comme la réalisation majeure, sans doute, de « l'écriture textuelle » et du « retrait du signifié » qu'elle implique et qui sera, toujours selon l'analyse de Jean-Louis Baudry, la seule vraie manière pour Rimbaud de « changer la vie ». C'est alors à l'analyse de toute une série de façons précises de mettre en jeu ce retrait du signifié que nous avons affaire, avec par exemple la

---

2. Anne-Emmanuelle Berger, *Le Banquet de Rimbaud*, Champ Vallon, 1992, p. 152.

mention de « pronoms personnels et possessifs [...] qui ne se rapportent pas à des "figures", à des "personnages" explicites », ou encore de « noms propres dans un contexte qui ne les spécifie pas », notamment. Autant de lectures qu'il faut lire dans leur détail, dans la réussite de leur patience devant le texte. Dans la réussite également de leur conclusion, avec le très beau moment où Jean-Louis Baudry évoque le goût rimbaldien du voyage pour le rapprocher d'une certaine manière de courir propre à l'approche textuelle, à la multiplication des sens et à la dissolution de la hiérarchie.

Autant, donc, de voies pour trouver dans cette longue analyse de Jean-Louis Baudry une chance d'aborder Rimbaud autrement – voies qui ne dispensent pas de rencontrer également d'autres approches, mais qui ont une force et une originalité rares, et qui font parties de celles qui nous permettent de comprendre ce qu'il y a de plus déroutant dans l'œuvre rimbaldienne.

Bien entendu, certains reproches ont été adressés à ces pages. On a pu dire qu'elles étaient trop imprégnées d'idéologie[3]. Mais le lecteur d'aujourd'hui fait assez aisément la part des choses, et n'a guère de mal à éloigner certains éléments un peu datés, qui sont du reste communs à beaucoup de textes de cette

---

3. Michel Murat, *L'art de Rimbaud*, José Corti, 2002, p. 230.

époque – et d'autant moins de mal qu'apparaissent aussi clairement les importantes réussites de l'entreprise de Jean-Louis Baudry. On a pu reprocher également aux mêmes pages, on l'a dit, de passer outre sinon l'individu du moins le sujet qu'aura été Rimbaud. Et il est vrai que sur ce point Jean-Louis Baudry était déterminé : « la réécriture [...] par Rimbaud du texte occidental et qui peut s'interpréter, comme on n'a pas manqué de le faire, en terme d'aventure individuelle, se trouve affirmée avec éclat comme réécriture d'une aventure qui n'est autre que celle de l'écriture. » Ce parti pris pose un certain nombre de problèmes, sans doute plus délicats que ceux posés par la présence d'une certaine idéologie d'époque. C'est qu'en effet on peut se demander si ce refus de lire Rimbaud avec Rimbaud, peut-on dire en quelque sorte, ne conduit pas à fausser certaines lectures – non pas toutes les lectures, mais certaines d'entre elles.

Or précisément, ce livre est l'occasion pour Jean-Louis Baudry de revenir, avec la distance des années, sur cette question.

Car cette nouvelle édition, on l'a dit, s'accompagne d'un entretien qui permet à Jean-Louis Baudry d'évoquer le contexte dans lequel les thèses de son essai ont été avancées, mais aussi de faire état de sa lecture actuelle de Rimbaud et de certaines modifications de son point de vue par rapport à ce qu'il avançait à l'époque.

De cet entretien, deux choses se dégagent avant tout. L'extrême modestie tout d'abord, qu'il faut souligner car elle est exemplaire, avec laquelle Jean-Louis Baudry est capable de faire retour sur son texte, et de l'envisager, pour ce qui lui semble s'y trouver de discutable, sous un regard critique. On sait combien il aurait été facile d'éluder, mais c'est au contraire que l'on assiste : un essayiste qui a la force et le courage de revenir sur ce qu'il a proposé, de s'interroger soi-même, de se critiquer sur les points où cela lui semble nécessaire. Retour particulièrement appréciable et précis sur la question, justement, de la subjectivité.

Il n'y a pas, cependant, que ce retour critique. Plus généralement, ce qui frappe dans cet entretien est la qualité du propos de Jean-Louis Baudry, qui fournit sur certains points déjà développés dans *Le Texte de Rimbaud* de nouvelles considérations extrêmement précieuses par leur nouveauté, mais aussi, simplement, par la qualité de leur formulation. On lira ainsi avec profit ce qui est proposé quant à la question du sens, du retrait du sens, quant à la prolifération des sens dans les *Illuminations*, par exemple. On lira avec un très grand intérêt aussi les considérations relatives à *Une saison en enfer* et à la manière dont s'y trouve déployé ce que les lettres à Izambard et Demeny – les fameuses lettres « du voyant » – annonçaient, dans la lecture qu'en propose Jean-Louis Baudry : un double travail, d'une part sur les mots, d'autre part sur « celui qui en est la source et qui veut se connaître ». Ce moment est particulièrement intéressant car il marque évidemment – l'auteur le souligne – un changement de point de vue radical par rapport à l'essai initial, mais aussi simplement parce qu'il ouvre une perspective de lecture particulièrement stimulante.

Double dispositif, donc, de republication d'un texte ancien mais devenu introuvable – sinon en microfiches à la Bibliothèque nationale et dans quelques autres bibliothèques – et publication d'un inédit avec cet entretien où Jean-Louis Baudry revient sur son propre travail et sur l'œuvre de Rimbaud. Double dispositif qui conduit, avec Jean-Louis Baudry et grâce à lui, à retrouver une nouvelle fois Rimbaud, et l'incroyable bouleversement qu'il aura produit et qui ne se réduit pas à l'image stéréotypée d'un révolté s'opposant à une société hostile, image certainement en partie exacte mais devenue un cliché et dont la prise textuelle, ce n'est pas le moindre de ses mérites, nous éloigne, mais qui au contraire est bien autre chose, de beaucoup plus décisif, de plus renversant : une chance d'avoir définitivement modifié nos manières de dire et d'aller vers la possibilité de dire, vers ce que Jean-Louis Baudry, quelques dizaines d'années après la mort du poète des *Illuminations*, appelait le « texte ».

N.B. Toutes les citations de l'œuvre de Rimbaud renvoient à l'édition de Jean-Luc Steinmetz chez GF-Flammarion.

LE TEXTE DE RIMBAUD

> *Exilé ici, j'ai eu une scène où jouer les chefs-d'œuvre dramatiques de toutes les littératures.*

Qu'il n'y ait pas de première lecture, qu'il n'y ait jamais de commencement à une lecture, il est peut-être tout particulièrement nécessaire de l'écrire au commencement de la lecture du texte que recouvre le nom de Rimbaud. Et non seulement parce que ce texte est « soufflé » par une bibliographie gigantesque et contradictoire, non seulement parce qu'il est dissimulé, déformé par la masse textuelle (« poésie » et « poètes ») qui s'en réclame, donc par son advenue historique. La prudence dont il faut faire preuve, les précautions que l'on voudrait prendre sont déjà inscrites et déterminées par une lecture ; elles relèvent de ce qui est à l'œuvre dans ce texte et forment déjà comme la conclusion à la reconnaissance d'une pratique scripturale en laquelle se marque la lutte menée contre la domination du sens et l'expressivité – le conflit dont il est le lieu et la forme historique. Que le texte de Rimbaud ait été l'objet d'interprétations si nombreuses et si diverses, il faut bien supposer que cela tient à la nature de ce texte, aux caractères particuliers de la pratique scripturale qu'il expose. Or il semble que les différents commentateurs aient été plus prompts à combler à tout prix l'espace libre, le vide que ce texte semblait circonscrire ou qui lui était inhérent, que de s'interroger sur les raisons d'une telle promptitude et sur la structure comme indéfinie d'accueil que l'écriture de Rimbaud manifeste à l'égard des tentatives d'explication et de récupération de tous ordres. Appel de sens comme appel d'air. Mais évidemment et pour autant qu'il n'y a pas de lecture première, il ne saurait y avoir de lecture vraie, de lecture qui ne s'ajoute comme supplément et détournement à un texte dès lors réécrit, et chiffré plutôt que déchiffré. Plus spécialement encore ici le lecteur est assuré de se tromper – et ce serait du moins le mérite et l'apport considérable de la démarche de Rimbaud que de rendre activement manifeste une des lois les plus importantes de la textualité : obliger le lecteur à être « conscient » de l'opération qu'il est en train d'effectuer et qui le définit comme détour et supplément de texte – comme écriture active suppléant à la lecture d'un texte constamment reporté. « L'erreur » obligée serait donc impliquée par l'écart irréductible entre lire et écrire, c'est-à-dire par l'affirmation simultanée d'une lecture qui se constitue en une *autre écriture*, d'une écriture qui détermine une *autre lecture*. « L'erreur » qu'on ne peut plus désormais opposer à la « vérité », c'est le nom qu'on peut aussi donner à une certaine *démarche*, à une errance, qui sait ne pas devoir atteindre ni texte premier ni lieu de son origine, mais passer nécessairement par le détour, par la voie forcée de l'écriture lisant.

Contrairement à ce qui apparaît avec Lautréamont et Mallarmé dont les différentes séquences textuelles renvoient à une stratégie d'ensemble – c'est-à-dire participent à une configuration générale – relèvent d'un appareil dont ils sont à la fois le mécanisme et le produit, le texte qui nous est parvenu signé par le nom de Rimbaud, considéré dans sa totalité, est fait de parties hétérogènes entre lesquelles il ne semble pas possible d'établir une continuité. Loin de renvoyer les unes aux autres et de s'éclairer par leurs places mutuelles comme c'est le cas dans le rapport *Chants de Maldoror-Lautréamont/Poésies* de Ducasse, elles paraissent plutôt déterminées par des ruptures successives, et appartenir chacune à un espace textuel différent et irréductible. *Poésies, Derniers Vers, Une saison en enfer, les Illuminations.* Chacune de ces divisions ne s'établit pas seulement en raison de la nécessité distributive et commerciale du recueil poétique, mais répond aussi à une économie textuelle, à une écriture, à une pratique scripturale différente. Comme si, en fait, tous ces « morceaux » avaient été produits à des périodes relativement éloignées, comme s'ils avaient été prélevés dans des régions différentes de l'histoire ; comme si le nom de Rimbaud avait pour effet de provoquer une *illusion unitaire* dissimulant des moments distincts de l'histoire textuelle (littéraire). Il est sans doute toujours possible d'établir entre des textes venus de champs différents un corps de relations, à la condition d'élaborer l'instrument conceptuel qui leur permette de circuler, mais l'hétérogénéité que nous accentuons ici signale la difficulté et peut-être la prétention de tenter en raison d'un nom imposé par l'histoire une lecture globale et unifiante suscitée par nos modes de pensée dominés par la contrainte du sujet unitaire. Telle est du moins la question essentielle que pose le nom de Rimbaud : s'il est bien le lieu où se manifeste un remaniement complet de l'espace textuel, qu'en est-il de ce lieu ? On percevra mieux ici, quelle que soit par ailleurs la séduction exercée sur les amateurs d'aventure individuelle par une biographie sans doute exceptionnelle, pourquoi ce texte a donné lieu à une telle masse d'essais, de gloses, d'interprétations. C'est qu'il fallait en plus de l'appel de sens créé par une dépression de la fonction du signifié dans le milieu textuel, retrouver absolument une unité qui au niveau du texte semblait perdue. La conception de la littérature soumise au concept idéologique d'expression (représentation) et liée au caractère secondaire et instrumental de l'écriture entraînait deux modes d'interprétation qui pouvaient d'ailleurs se mêler : soit que l'on réduise les fragments à n'être que le compte rendu – énigmatique sans doute – d'une expérience vécue du

« sujet », localisable donc dans l'histoire événementielle ; soit qu'on en fasse le reflet d'une expérience spirituelle, en ce cas indépendante de la pratique proprement scripturale, ne relevant donc pas de la « science » textuelle, mais d'un certain mode de religiosité. En fait on continuait de lire Rimbaud selon la grille d'un champ conceptuel idéologique que ce texte et la pratique qui s'y manifeste ébranlent. Effet d'aveuglement et de retard sur la rupture qui se produit ici. La lecture de Rimbaud, des *Illuminations* en particulier, orientée vers la reconstitution d'un sens originel, est évidemment incapable de percevoir que le déplacement qui s'exerce ici est tout autre chose qu'une simple modification de l'esthétique littéraire. En voulant rétablir à toute force un signifié hors-texte, en privilégiant une expérience transcendante – mystique, hallucinatoire – dont la poésie n'était que l'expression (et la forme adéquate), on se privait de la possibilité de saisir la transformation radicale qui s'opérait, visait l'économie textuelle c'est-à-dire justement les rapports qui lient l'écriture envisagée comme pratique à ses effets et à son insertion dans le domaine socio-culturel (action possible sur les pratiques sociales, pression exercée sur le champ théorico-idéologique) ; que c'était toute la conception de l'écriture et de la lecture qui se trouvait pour le moins questionnée ; que l'expérience en jeu était d'abord une expérience de l'écriture en quête de sa propre science.

Aussi une lecture de Rimbaud devrait-elle d'abord distinguer l'attention portée à l'économie textuelle qui, avec des caractères particuliers selon les différentes époques d'écriture, se manifeste très tôt chez Rimbaud et les illusions de transcendantalité, le subjectivisme dont ce texte reste marqué à la fois par un vocabulaire propre à l'époque, par les théories littéraires (le symbolisme) et l'imprégnation idéologique. Lecture difficile donc, en raison non pas de l'obscurité de ces textes inhérente à une pratique qui modifie la relation admise signifiant/signifié mais de la contradiction, du conflit que cette écriture révèle. Lecture difficile comme peut l'être celle de Nietzsche, comme peut l'être celle des écritures contemporaines qui prennent acte de la « clôture » du monde occidental dans les termes mêmes du discours occidental. Lecture d'autant plus difficile que cette contradiction et ce conflit se trouvent très souvent proposés en terme d'expérience subjective (« *Une saison en enfer* »). Et sans doute pour nous le nom de Rimbaud signale-t-il d'abord le lieu exemplaire d'un combat par lequel une pratique scripturale tente d'échapper par tous les moyens qui se proposent à elle – historique et social (la Commune) – historique et littéraire (le Symbolisme) – grammatical (rupture avec la syntaxe et la rhétorique poétique) – phonétique (accentuation du signifiant phonétique) – spatial (recours à une disposition subvertissant la linéarité de l'écriture phonétique) –

sexuel (homosexualité, pensée de la différence sexuelle et de la permutation du sexe idéologique) etc., à l'emprise du sens, à l'infiltration inévitable du système représentatif se réintroduisant subrepticement aux détours de chaque énoncé et s'appuyant pour sa domination sur les services d'une lecture non réversible en écriture, sur la soumission à l'expressivité établie par toute une civilisation logocentrique et théologique.

En excluant tout ce que ces termes emportent avec eux de qualification psychologique et subjective, il paraît aussi inexact de parler d'un échec de Rimbaud que d'une réussite amenant une transformation radicale et définitive de l'économie textuelle. Ce texte-là est historique et justement contemporain de la Commune. Il s'inscrit dans le mouvement qui annonce, en aidant à le désintégrer, la destruction d'un corpus économique, politique et idéologique, mais parce qu'il se trouve encore engagé (comme nous le sommes aussi) dans ce système, il pourra donner lieu à toutes les tentatives de récupération par ce même système – mais aussi, associé à d'autres textes (Mallarmé, Lautréamont), fournir l'appareil générateur d'une pratique et d'une théorie scripturales excédant et annonçant la fin d'une certaine forme d'organisation sociale.

Une lecture de Rimbaud peut suivre deux axes qui ne sont d'ailleurs pas contradictoires :

L'axe chronologique qui doit permettre de faire apparaître sur le texte de Rimbaud l'effet du travail textuel transformant, le caractère autogénérateur de ce texte. Cette lecture aurait l'avantage de dégager avec une relative précision le moment de la rupture dont le texte de Rimbaud est marqué : des *Premières poésies* aux *Illuminations*, ce n'est point tant une « évolution », le déploiement et l'enrichissement du « contenu d'une œuvre » par laquelle un « écrivain » s'affirme dans la maîtrise toujours plus nette de la langue, qu'une coupure présentant avec les coupures épistémologiques qui scandent l'histoire de la science, une analogie certaine – c'est-à-dire le remplacement de la fonction expressive de la poésie par une fonction productive de texte. Très exactement cette *coupure* se marque dans la mutation de la littérature (dont le mot apparaît évidemment à cette époque pour définir et clôturer la fonction littéraire) en écriture qui se définit par un nouveau champ théorique et une nouvelle pratique.

Mais l'on sait que l'on n'a pu établir une chronologie précise des textes de Rimbaud : on se demande encore si *Une saison* a précédé ou non la rédaction des *Illuminations,* dans quel ordre ont été écrites ces dernières, etc.

C'est pourquoi il semble préférable de faire intervenir une lecture plus souple à l'égard de la chronologie, qui, partant de la reconnaissance même de la coupure, lira les textes de Rimbaud selon qu'ils appartiennent ou non à l'en deçà ou l'au-delà de la coupure et tentera de déterminer en quoi tel texte ou telle partie du texte fait appel au champ littéraire, ou au champ scriptural, ou se trouve suscité par les deux à la fois.

DU PASTICHE À LA PARODIE

Les premières poésies de Rimbaud (*Étrennes des Orphelins, Le Forgeron, Soleil et Chair,* etc.) plutôt qu'elles ne contiennent à l'état d'ébauche ce qui se développera et s'accomplira par la suite, laissent lire un certain état historique du texte littéraire. Que l'on puisse y relever les influences d'Hugo ou de Musset, c'est déjà lire ce Rimbaud-là dans l'après-coup d'une lecture globale et peut-être passer à côté du problème que posent ces poèmes pour une théorie de « l'engendrement » textuel. En effet, parler d'influences, c'est déjà définir ces textes comme autres, parce qu'écrits par un auteur (un individu) qui n'est ni Hugo, ni Musset, et donc privilégier une subjectivité. Or, en ce point, le travail de Rimbaud ne fait que répéter et, pourrait-on dire, décalquer un texte déjà écrit. Ce travail n'est pas un travail de réécriture, un travail de production dans la mesure où il ne *transforme* pas une matière première textuelle. Il ne fait que la *reproduire*. Et sans doute est-ce cette question de la nécessité d'une reproduction en quelque sorte aveugle à ce qu'elle reproduit qui paraît ici essentielle. Si « le plagiat est nécessaire » (Lautréamont) on doit aussi le comprendre comme opération et mouvement qui conduit d'une certaine forme d'écriture: pastiche, à une autre: parodie. Mouvement que l'on peut discerner dans les productions de Rimbaud des années 1870 et 71 et qui peut être décrit par le rapport que le texte entretient avec « *l'autre texte* ». Le pastiche en effet semble se caractériser par l'ignorance du mécanisme de répétition dont il est l'effet. Si le pastiche est réécriture, il doit donner l'illusion d'être une écriture première, originale. Il est « inconscient » de l'autre texte et de la situation « intertextuelle[1] » dans laquelle il se trouve nécessairement engagé parce qu'il annule, en s'y identifiant, l'autre texte. Son rapport à l'autre texte est de l'ordre de la *dénégation*: il nie ce qu'il affirme, que toute écriture est une réécriture, que tout texte n'existe que par un autre texte. Dans le pastiche, l'activité scripturale a pour but non de produire un texte, mais de servir un nom (et c'est bien ce qui ressort de la lettre à Banville du 24 mai 1870 qui accompagne l'envoi d'*Ophélie* et de *Soleil et Chair*). Autrement dit, l'écriture pastichante n'assume pas sa fonction de lecture (et toute écriture fondée sur le code inconscient des valeurs esthétiques est de ce fait pastiche: la première forme et la

---

1. Pour le concept d'intertextualité cf. Kristeva, en particulier: « Bakhtine, le mot, le dialogue et le roman » in *Critique*, n° 239.

plus générale du pastiche est l'écriture qui demeure inconsciente de la loi esthético-idéologique dont elle subit la pression et la répression, qui s'identifie par conséquent au modèle paternel).

Pourtant cela n'est pas si simple. Il conviendrait ici d'interroger les premiers moments d'un mouvement, l'efficace cachée d'un travail textuel qui, par son accumulation, rend apparent « l'autre texte » et conduit alors à la fonction parodique qui ne tarde pas à se manifester dans les poèmes de Rimbaud. De toute façon, pour comprendre le mouvement de transformation qui s'opère dans la poésie de Rimbaud jusqu'au *Bateau ivre*, il paraît nécessaire d'établir une distinction entre *texte social* et *texte culturel*. Ce dernier se définirait par le code littéraire agissant, par la « poésie », la rhétorique, la prosodie, le matériel métaphorique de l'époque, les « thèmes » (cf. par exemple les orphelins, les pendus, les corbeaux, les fleurs et les mains, etc.), tandis que le texte social se divisera lui-même en idéologique: ordre bourgeois, religion, tout ce qui participe des « honnêtetés tyranniques » – et en historique: la lutte contre l'ordre social qui éclate dans la Commune. Le texte social est donc affecté de signes négatif ou positif selon qu'il se réfère à l'ordre bourgeois ou le combat (« Quand nous brisons déjà les sceptres et les crosses!... »).

Rimbaud utilisant le texte culturel qu'il hérite de son époque va d'abord le diriger contre l'idéologie religieuse (« Depuis que l'autre Dieu nous attelle à sa croix ; » – *Soleil et chair*, « Des curiosités vaguement impudiques / Épouvantent le rêve aux chastes bleuités / Qui s'est surpris autour des célestes tuniques, / Du linge dont Jésus voile ses nudités. » et « Christ ! ô Christ, éternel voleur des énergies » – *Premières Communions*, voir aussi le *Châtiment de Tartufe*, *les Pauvres à l'église*, etc.), contre le pouvoir politique (entre autres *Rages de César*, *Paris se repeuple*), l'ordre social (*À la musique, les Assis*). Mais le texte culturel ainsi utilisé se trouvera mis dans la position de dévoiler la fonction qui lui est assignée ; il apparaîtra comme effet du texte social, la « poésie » assumant le rôle d'une occultation, d'une dissimulation du « texte réel », et servant de garantie à une bonne conscience de classe. Dans ce mouvement, le texte culturel lui-même sera textualisé, soumis à une lecture, à une écriture, à une production textuelle modifiant les rapports existant entre texte culturel et texte social – (rapports qui, pour la normalité expressive, doivent demeurer inconscients et dont l'inconscient même détermine les critères de beauté, d'universalité, de telle sorte que la « littérature » est soustraite au procès général de la production transformante tout en servant à couvrir et à justifier idéologiquement les rapports historiques de la production).

Ainsi la distinction entre texte culturel et texte social permet de rendre sensible le mouvement qui conduit le premier Rimbaud du pastiche à la parodie : d'abord l'opposition entre le texte culturel – le code littéraire traditionnel – et la contestation active de l'idéologie, l'action révolutionnaire qu'il cherche à servir, creuse une sorte d'écart textuel qui fait apparaître le caractère réactionnaire, conservateur du texte culturel. Mais cette distance est celle même par laquelle le texte culturel se met en position de se parodier. Il se dédouble, se tourne contre lui-même, démasque l'intérêt idéologique que dissimule l'esthétisme qui le porte. Le texte affirme de la sorte son inscription dans le texte, l'écriture se sait déjà écrite et s'exerce contre l'écriture qui ne se savait pas écrivante. En faisant apparaître le texte comme texte, la parodie annule l'effet textuel de la représentation et ruine la conception de l'écriture comme instrument secondaire au service de la représentation. Si ce dédoublement qui fait virer le pastiche à la parodie apparaît précocement dans les poèmes de Rimbaud – *Le Châtiment de Tartufe, Le Bal des Pendus* qui pastiche un pastiche de Banville – la subversion portée à l'intérieur même du code littéraire, respectant les données esthétiques et le système représentatif de celui-ci, est un des caractères les plus importants du Rimbaud de cette époque. Chez Rimbaud l'esthétique idéaliste de la rhétorique classique au lieu de servir à la glorification du signifié (qui, Dieu, homme ou Nature, se voit invariablement affecté ou induit par les critères de beauté, de bonté) est compromise par la trivialité de l'objet représenté.

Rimbaud retourne l'appel au représenté qui pour l'art bourgeois ne doit jamais être que l'objet idéal de la réalité – ce qu'on pourrait appeler le réalisme idéaliste de l'art bourgeois contre les splendeurs, l'éloquence, le lyrisme de la poésie. Il lui confère une mission stratégique. Car le représenté ou touche à l'interdit, à ce qui ne doit pas être dit : « Belle hideusement d'un ulcère à l'anus » (*Vénus Anadyomène*) – « Et le soir, aux rayons de lune, qui lui font / Aux contours du cul des bavures de lumière, » (*Accroupissements*) – « Doux comme le Seigneur du cèdre et des hysopes, / Je pisse vers les cieux bruns, très haut et très loin, / Avec l'assentiment des grands héliotropes. » (*Oraison du soir*) – ou introduit le prosaïque qui devrait par définition être exclu de la poésie, prosaïque qui apparaît plus volontiers dans les poèmes dits libertins : *Les Réparties de Nina* (« Et mon bureau ? ») – *Mes petites amoureuses*. Le terrain occupé par le code littéraire est ainsi pris à revers et son pouvoir subverti par l'idéologie de la représentation qu'il avait d'abord pour mission de garantir. En s'armant contre la rhétorique, en dévoilant le travestissement qu'elle opère, le signifié conduit à reconnaître l'espèce de racolage qu'exerce la « culture » au service de la représentation, et manifeste *a contrario* le pouvoir producteur du signifiant et de la sorte le libère de la contrainte de la représentation (ce sera, nous le verrons, le but fondamental du sonnet *Voyelles*) puisque l'effet de « beauté » dépend avant tout du code littéraire ou du travail sur le signifiant et non de l'idéalité du sujet représenté (du seul point de vue de la « *beauté* » du vers français, « Doux comme le Seigneur du cèdre et des hysopes » vaut bien « La fille de Minos et de Pasiphae »). C'est d'ailleurs, semble-t-il, un des buts du Rimbaud de cette époque d'accuser les traits, d'accentuer un peu trop ce qui fait, dit-on, la beauté de la langue française – les syllabes prolongées par les muettes, des sonorités en ure, asse, âtre – déformation des mots (reconnaissable surtout dans sa correspondance : Parmerde, juimphe, cosmorama) – l'allitération appuyée (« un hydrolat lacrymal lave », etc.) de telle sorte que la « mondaine » (la langue de la classe dominante) se montre sous l'aspect de ce qu'elle est aussi, une « demi-mondaine » (une prostituée déguisée, une langue vendue aux intérêts de classe). En fait la *poésie* sera explicitement citée, parodiée dans *Les Mains de Jeanne-Marie* et *Ce qu'on dit au poète à propos de fleurs*, poèmes dans lesquels les thèmes parnassiens, le goût des mots savants, l'exotisme, l'esthétisme de l'objet, etc., sont bien réduits au rôle décoratif de bibelots comparés à l'enjeu des luttes révolutionnaires et au système économique de la société bourgeoise. La poésie sera explicitement désignée comme l'instrument d'une classe qui fait tomber sous le coup d'une même censure le corps, les fonctions organiques, la sexualité (cf. *Les Premières Communions*) et le procès de la production. « À notre époque de sagous, / Quand les Plantes sont travailleuses, / Le Lys [métaphoriquement associé au pouvoir et métonymiquement à la pureté de la poésie] boira les bleus dégoûts / Dans tes Proses religieuses! [...] / Des lys! Des lys! / On n'en voit pas! [...] Mais, Cher, l'Art n'est plus maintenant, / – C'est la vérité, – de permettre / À l'Eucalyptus étonnant / Des constrictors d'un hexamètre ; » C'est le rôle dont devrait être chargée la poésie et son utilité que Rimbaud cherche à définir, en opposition aux seules déterminations esthétiques et idéalistes qu'on lui impose. Activité poétique en prise directe avec l'activité sociale, économique : « Dis, front blanc que Phébus tanna, / De combien de dollars se rente / Pedro Velasquez, Habana ; » – « Ton quatrain plonge aux bois sanglants / Et revient proposer aux Hommes / Divers sujets de sucres blancs / De pectoraires et de gommes ! », etc.; en même temps que Rimbaud semble déjà réclamer pour le poète – le producteur de texte – un autre statut, celui de travailleur (« Commerçant ! colon ! médium !... Jongleur ! ») et une activité de caractère scientifique (« Sachons par Toi si les blondeurs / Des Pics neigeux, vers les Tropiques, / Sont ou des insectes pondeurs / Ou des lichens microscopiques ! »... « Ne peux-tu pas, ne dois-tu pas / Connaître un peu ta botanique ? ») Dans ces poèmes, nous le voyons, le texte « dialogue » avec son autre mais dans la forme même de l'autre, il emploie pour récuser son autre la forme même qu'il récuse. Le pastiche (identité de l'autre texte à soi / annulation) ayant viré à la parodie, c'est-à-dire à la réécriture du même comme autre, l'élan du mouvement exige que la contestation qui s'était portée à l'intérieur du texte culturel subverti par la parodie le fasse éclater. Nous passons ici à un autre Rimbaud, à une autre histoire du texte, aux *Illuminations*. Mais l'histoire ne va pas si vite et le moment de la « coupure » qui se lit dans l'après-coup de l'histoire n'est visible que pour celui qui la connaît déjà et la regarde de loin.

VOYANT/VOYELLES

De plus près, c'est une autre histoire – notre propre histoire. Une fois les comptes réglés avec la rhétorique, Rimbaud doit affronter un autre problème ou plutôt une couche plus profonde du même problème et pour lui difficilement formulable.

La dénonciation parodique, la provocation textuelle, la « critique » de la poésie (critique semblable à la « critique » philosophique, c'est-à-dire qui se définit par l'usage différent d'une même pratique, par une pratique qui aboutit à la transformation du même texte), relèvent donc d'une pratique scripturale théorisante (en direction de sa propre théorie) et cette pratique a assurément pour conséquence l'effacement du nom propre. Il est dans sa logique que le nom propre soit d'abord déplacé, introduit à l'endroit où il ne devrait pas normalement (et pour la normalité du code littéraire) figurer à l'intérieur du texte, et soit dénaturé à la place où il s'impose, comme signature du texte. C'est, en effet, dans *Ce qu'on dit au poète à propos de fleurs*, où Rimbaud dénonce l'esthétique idéaliste de la poésie et l'indifférence idéologique de celle-ci à la production, que le nom propre se trouve réduit à la fonction sociale qu'il sert. Banville, Renan, Figuier pour les auteurs (poète, romancier, historien), de Kerdrel (monarchiste) pour l'instance politico-idéologique, le capitalisme prend nom Pedro Velasquez, Hachette, tandis que l'auteur ne figure plus que sous le pseudonyme dérisoire d'une sécrétion excessive (Alcide Bava).

Cette pratique théorisante pour qui bientôt la poésie ne sera plus que « prose rimée, jeu, avachissement et *gloire* [nous soulignons pour marquer l'effet principal du nom propre et le bénéfice recherché] d'innombrables générations idiotes », bute nécessairement sur la question que pose au sujet occidental le texte considéré dans ses mécanismes de production, son action transformante (« la poésie ne rythmera plus l'action, elle sera en avant »). Relations (ou pseudo-relations) du texte au sujet dans lesquelles est impliquée toute la métaphysique occidentale et qui forment le noyau irréductible, inassimilable d'une pensée conditionnée par elle. Mais pour Rimbaud le problème est encore plus difficilement formulable puisqu'il ne dispose pas du champ conceptuel qui lui permettrait de tenter une approche rigoureuse de ces rapports et de la production du texte. Cependant le texte produit par et produisant sa pratique est amené à (se) réfléchir (dans) une métaphorisation de son procès, à se jouer sur la scène même qu'il ouvre. *Le Bateau ivre* (et nous n'oublions pas ici les données historiques : ce poème est écrit, au moment où Rimbaud arrive à Paris, pour être montré à des poètes ; il se présente comme un art poétique) va provoquer dans un schéma métaphorique le modèle du fonctionnement textuel qui renverse les rapports admis entre le sujet, l'auteur et le texte (« le poème de la mer »). « L'auteur » – mais ici dans le scripteur – ne dispose plus du texte. Il n'est plus le maître – ni par conséquent l'instrument inconscient d'une idéologie ayant pour fonction d'assurer l'échange et le commerce – idéologie qui se reporte sur la conception de la langue comme instrument de communication. C'est le texte qui dispose de lui. « Je ne me sentis plus guidé par les haleurs ». « J'étais insoucieux de tous les équipages, / Porteur de blés flamands ou de cotons anglais. / Quand avec mes haleurs ont fini ces tapages / Les Fleuves m'ont laissé descendre où je voulais. » Le meurtre des haleurs, et souvenons-nous du double sens de *direction* de l'équipage (« Maître après Dieu »), tués par le paganisme (les peaux-rouges et nous verrons plus tard l'importance de ce thème), c'est l'annulation de la soumission du texte à Dieu, au théologisme, au sens. Le scripteur ne se distingue plus du milieu qui le porte (« L'eau verte pénétra ma coque de sapin »), de l'infini textuel métaphorisé évidemment dans le *Bateau ivre* par la mer, l'océan, et dans lequel se perd le sens du fleuve (du cours d'eau, de la voie de communication), mais donné surtout comme milieu de transformations, de métamorphoses, de contradictions non exclusives (« J'ai heurté, savez-vous, d'incroyables Florides / Mêlant aux fleurs des yeux de panthères à peaux / D'hommes! Des arcs-en-ciel tendus comme des brides / Sous l'horizon des mers, à de glauques troupeaux! »)[2]. La souveraineté du milieu textuel qui n'a pas de sens détruit l'illusion de celui qui croyait être un sens (« Or moi, bateau perdu... Jeté par l'ouragan... Qui courais... Planche folle »). Mais ce milieu est décrit plutôt qu'« écrivant », il se trouve encore inclus dans un système représentatif et discursif (la rhétorique, la prosodie classique) et se définit encore par rapport au fond subjectif qui peut ressurgir avec le besoin de ses anciens repères rassurants « Je regrette l'Europe aux anciens parapets! » « Je regrette », « je désire », nous revenons à nouveau à l'espace névrotique de l'Occident qui s'oppose à la production et à la dépense textuelles, qui ne peut

---

2. Pour le plan de l'océan comme milieu textuel cf. Philippe Sollers: *La Science de Lautréamont* in *Logiques* (éd. du Seuil).

que mimer dérisoirement la traversée textuelle : la « flache » au lieu de l'océan. « Si je désire une eau d'Europe, c'est la flache / Noire et froide où vers le crépuscule embaumé / Un enfant accroupi plein de tristesses, lâche / Un bateau frêle... » Toute l'histoire textuelle de Rimbaud sera dominée par l'effort exercé pour briser l'enkystement du sujet occidental pris dans l'entrelacement de ses contradictions névrotiques et pour parvenir à sa disparition dans une production textuelle non close. Effort donc pour déchirer et franchir l'écran de la représentation, pour briser la ligne de l'écriture représentative, instrument de la domination du signifié ultime, de Dieu (de la classe dominante) et que toute opération d'écriture privilégiant le sens, se plaçant en position de secondarité – c'est-à-dire déterminée en dernière analyse par les seuls signifiés – contribue à renforcer, ce qui ne signifie évidemment pas que l'effet de sens ne soit pas prévu et constamment joué dans une écriture productrice. Ce franchissement ne sera pas obtenu, comme pouvaient le croire les surréalistes, par le « non-sens » de l'écriture automatique qui attaque la couche paradoxalement toujours la plus extérieure de l'ordre expressif mais n'en atteint pas le système (lié au sujet, à l'individualité qui a toujours été la garantie ultime des surréalistes), mais par un travail précis – « ce fut d'abord une étude » écrit Rimbaud – portant sur le texte, sur la matérialité du signifiant et les effets de représentation qui lui sont liés. Ce travail qui occupe plus précisément les *Illuminations* et dont le moment théorique s'affirme dans l'*Alchimie du verbe* d'*Une saison en enfer,* s'annonce avec le sonnet des *Voyelles* qui a paradoxalement toujours été lu selon l'ordre représentatif qu'il récuse. Dans *Voyelles* en effet le texte est à lui-même sa propre représentation. L'écriture phonétique, à laquelle recourt, comme modèle exemplaire, la conception logocentrique de la secondarité de l'écriture, est marquée par son phonétisme même du sceau hiéroglyphique. Le signe ne représente pas, la représentation est intérieure au signe. Une interprétation (erronée) de l'étymologie semble retourner le *vocal*, le « *voieul* » de l'ancien français, au voir, au *voyant*, glissement effectué par contiguïté phonétique et lexicale (les deux mots se suivent dans le dictionnaire). La voyelle qui dans la langue est considérée comme le noyau de la vocalisation, comme le support du phonétisme, par un tour anagrammatique est ren/*voyée* au voir, à ce qui dans le voir lui est, contrairement à la forme, si essentiel qu'aucun substitut ne saurait y suppléer : la couleur. « A noir, E blanc, I rouge, U vert, O bleu : voyelles... » L'absence de la copule – le A (n')est (pas) noir, le A ̶e̶s̶t̶ noir – montre assez que la couleur n'est pas attribut de la voyelle, mais la voyelle elle-même. L'oubli de la « naissance » vue du vocal a pour conséquence le recouvrement du visible (de l'écrit, de la trace inscrivante), de l'espace (la couleur) par le son, la ligne, le temps. L'assimilation de la voyelle et du voir n'a pas pour fonction de privilégier la vue contre l'entendu, d'opposer ou de faire correspondre un mode de sensation à un autre dans l'unité d'un « milieu » subjectif. Elle répond à une manœuvre, à un calcul stratégique précis ayant pour visée l'effet de représentation du texte lié au système phonétique de notre écriture. Elle tend à déplacer l'écriture phonétique de son cours inconscient et à la rétablir dans la généralité de l'écriture, de « *l'archi-écriture* » dont dépend aussi bien la parole que l'écriture phonétique. C'est pourquoi l'opposition parole/écriture est totalement dépourvue de sens hors du fond métaphysique (logocentrique) qui a rendu possible une telle opposition par l'oubli de la trace instituante – hors de la dichotomie signifiant/signifié essentielle à cette métaphysique[3]. La manœuvre de Rimbaud a pour but, dans ce sonnet, à la fois et dans un même geste, la destruction de la représentation et le renversement du rapport signifiant-signifié. Le vocalisme, le phonétisme à l'origine signifiant devient le signifié d'un signifié. Rimbaud retourne l'ordre du signifié contre lui-même par l'introduction d'un élément signifiant (voyelle) pris comme signifié dans un signifié (le sens du poème) qui devient de la sorte signifiant. Le signifiant joué comme signifié, c'est le signifié (le texte) qui se trouve placé en position de

---

3. Nous renvoyons aux travaux de Jacques Derrida, en particulier : *De la grammatologie*, éd. de Minuit.

signifiant. La poésie védique donne des exemples remarquables de cette opération par laquelle le signifiant se déplace sur le signifié et dévoile ce qu'on pourrait appeler son effet de signifié. « Quant à ces cinq syllabes, il en fit cinq saisons », etc. Nous pouvons suivre ici une des opérations fondamentales de la production textuelle qui ne consiste pas ainsi qu'a toujours cherché à le faire croire l'idéologie issue de la pensée platonicienne, à *exprimer* – à partir d'un sens donné d'avance – d'un signifié – mais à replacer constamment les éléments textuels (qui peuvent être aussi bien voyelles que *mots*, fragments d'écriture), en position signifiante et à récupérer le signifié qui s'en échappe comme signifiant. Cette opération est donc un *vol* – on vole, on dérobe (à la pensée expressive) – du sens, pour le brûler, pour le consumer.

Ainsi pouvons-nous mieux comprendre l'enjeu du travail déjà ébauché par Rimbaud et l'effort théorique qui s'y lit. Davantage encore que dans *Alchimie du verbe* qui reste marqué par la narration biographique, les différentes directions de cet effort et ses points d'ancrage sont discernables dans la lettre du 13 mai 1871 à Izambard et surtout dans celle du 15 mai à Demeny. Programme sans doute plus que théorie élaborée, mais les aperçus livrés par les coups de sonde théoriques, ces explorations brèves recoupent en bien des points l'appareil théorique et la pensée de l'écriture et du texte produits par Lautréamont et Mallarmé et l'action multiple qu'ils supposent. Car non seulement Rimbaud affirme la nécessité pour la pratique scripturale de trouver, « d'inventer » sa théorie, mais il définit l'« œuvre » comme rapport indissociable de l'une et de l'autre. « On n'a jamais bien jugé le romantisme; » écrit-il – le romantisme ici est proposé comme le champ historique d'une pratique *globale* liant l'écriture à la fonction théorique – « qui l'aurait jugé? les critiques!! [ceux qui ne sont pas directement engagés par la pratique] Les romantiques, qui prouvent si bien que la chanson est si peu souvent l'œuvre, c'est-à-dire la pensée chantée et *comprise* du chanteur. » (c'est Rimbaud qui souligne). À quoi fait écho justement la déclaration de Lautréamont: « Celui qui chante ne prétend pas que ses cavatines soient une chose inconnue[4]. » Et non seulement Rimbaud affirme la nécessité de ce rapport, mais il semble justement que ce soit cette pratique globale (que l'on pourrait *aussi* appeler poésie en ayant à l'esprit le correctif théorique que Lautréamont-Ducasse lui imprime) qui ouvre sur une action de transformation associée à une pratique sociale révolutionnaire. « L'art éternel aurait ses fonctions, comme les poètes sont citoyens. La Poésie ne rythmera plus l'action; elle sera en avant. » « Je serai un travailleur: c'est l'idée qui me retient quand les colères folles me poussent vers la bataille de Paris. »

---

4. Lire à ce propos Marcelin Pleynet: *Lautréamont par lui-même*, éd. du Seuil, collection « Écrivains de toujours ».

« Travailleur ». En effet la référence de Rimbaud au travail est présente aussi bien dans ses lettres que dans *Une saison en enfer* et les *Illuminations* : « Je travaille à me faire voyant » mais aussi « Travailler maintenant, jamais, jamais ; je suis en grève » et « Moi, je n'aurais jamais ma main, après la domesticité même trop loin. » Tout se passe comme si, pour Rimbaud, au travail « domestique » – asservi, mais aveugle à son asservissement – qui ne fait que répéter, reproduire et assurer la domination et l'exploitation du travail, on ne pouvait que répliquer par un non-travail qui est évidemment un contre-travail. Au travail imposé par une société se perpétuant grâce à lui (qui donc risque de ne pas connaître l'idéologie qui le manœuvre et le pouvoir qu'il sert), le contre-travail textuel, théorique et pratique apparaît comme un non-travail[5]. Dans cette opposition s'inscrit strictement celle de la *poésie subjective* (travail/non travail soumis à la domination d'une classe, d'un Dieu, d'un sujet : « Au fond, vous ne voyez en votre principe [on se doit à la société] que poésie subjective : votre obstination à regagner le râtelier universitaire le prouve. ») à la *poésie objective* : « Un jour, j'espère, – bien d'autres espèrent la même chose, – je verrai dans votre principe la poésie objective, je la verrai plus sincèrement que vous ne le feriez ! – Je serai un

---

5. Cette dialectique du travail semble bien être à l'œuvre dans *Une saison en enfer*, cf. par exemple *L'Éclair*.

travailleur... » Ainsi le même principe d'un devoir social (Rimbaud dira aussi d'un « devoir à remplir ») aboutit à deux positions textuelles opposées – poésie subjective/poésie objective – selon d'une part l'existence ou non d'une attitude théorique à l'égard du système social et d'autre part, évidemment, selon la forme d'existence de la société. Opposition déterminante puisque, rappelant d'ailleurs les propositions mêmes de Lautréamont « Reprenons le fil indestructible de la poésie impersonnelle », elle délimite le champ et la conception du texte occidental, « ... le jeu moisit. Il a duré deux mille ans », en même temps qu'elle annonce une pratique textuelle non asservie à l'idéologie dominante (« le râtelier universitaire ») et prenant conscience de sa fonction de transformation, de sa « marche au progrès ». « Sans compter que votre poésie subjective sera toujours horriblement fadasse » écrit Rimbaud à Izambard et dans la lettre à Demeny, il s'associe à l'attaque portée par Lautréamont contre les « têtes molles ». « Musset est quatorze fois exécrable pour nous, générations douloureuses et prises de *visions* (nous soulignons)... Ô! les contes, et les proverbes fadasses, ô les nuits... tout est français, c'est-à-dire haïssable au suprême degré... Musset n'a rien su faire: il y avait des *visions* (nous soulignons) derrière la gaze des rideaux: il a fermé les yeux. » La poésie subjective est donc liée à l'aveuglement. La non-vue est l'état d'un texte par lequel celui-ci, s'aveuglant sur lui-même, sur sa fonction et son action, sur son fonctionnement, se donne la comédie fantasmatique d'une représentation qui n'est autre que la façon dont il se représente à lui-même. L'obscurité est nécessaire à cette opération de projection/identification ; elle est nécessaire aux mécanismes de la représentation par laquelle un sujet vient à se représenter dans le langage qui joue le rôle d'une portée lumineuse frappant et traversant l'image subjective pour la reporter, la reproduire plus loin comme objectivité. Les yeux fermés, l'obscurité, la chambre noire, tel est le décor de ce qu'on peut appeler la *mentalisation*. « Mental », dit Robert « qui se fait dans l'esprit seulement, sans expression écrite ou orale ». Cette notion hante la pensée occidentale comme la condition même de sa possibilité. Elle forme l'opération préliminaire du processus qui conduit à l'idée de représentation et d'expression. Salle close, toute ouverture fermée, c'est ainsi que l'on concevra le lieu (idéal) dans lequel le « sujet » peut se rendre présent à lui-même, sans nul écart, accessible à l'évidence du *cogito*, à la possibilité même de la vérité[6]. « Je fermerai maintenant les yeux, je boucherai mes oreilles, je détournerai tous mes sens, j'effacerai même de ma pensée toutes les images des choses corporelles ou du moins, parce qu'à peine cela se peut-il faire, je les réputerai

---

6. Déjà dans *Soleil et chair* Rimbaud écrivait : « Misère ! Maintenant il [l'homme] dit : Je sais les choses, / Et va, les yeux fermés et les oreilles closes. »

comme vaines ou fausses ; et ainsi m'entretenant seulement avec moi-même et considérant mon intérieur, je tâcherai de me rendre peu à peu plus connu et plus familier à moi-même. » C'est ainsi que Descartes décrit la scène même de la mentalisation sur laquelle les protagonistes, le sujet et Dieu[7] vont pouvoir réciter le rôle du rationalisme (figure complémentaire de la poésie subjective). À quoi Rimbaud répond : « Le Poète se fait *voyant* par un long, immense et raisonné *dérèglement de tous les sens.* » Aux règles pour la direction de l'esprit s'oppose le dérèglement raisonnable des sens. La science – ce qui va devenir (ce qui pourra devenir) la science textuelle se constitue(ra) dans et par le renversement de la science représentative du *sens*. Au dieu qui assure les vérités de la science, répond la science de la dépense textuelle.

L'aveuglement nécessaire à la mentalisation déterminant l'idéalisme subjectif ou empiriste est annihilé par le travail textuel qui rend voyant (« le Poète se fait voyant » – « Je travaille à me rendre voyant »). Voyant : le mot rappelle la fonction vocale, voïeule du voir, la fonction signifiante, une fois dépassée l'opposition logocentrique du vu à l'entendu (de l'écriture à la parole). « ... quand, affolé, il finirait par perdre *l'intelligence* de ses *visions*, il les a vues ! Qu'il crève dans son bondissement par les choses

---

[7]. Cette citation ouvre la méditation troisième : *de Dieu, qu'il existe.*

inouïes et innommables » (nous soulignons) – et *l'entendement*, cet autre concept du logocentrisme, associé à la mentalisation, est la faculté par laquelle la « parole » présente à elle-même, s'entendant, entend la vérité dans l'immédiateté de sa voix[8].

À la culture maniaque de l'intériorité qui se fait les yeux fermés, se substitue le voir dans un participe présent actif qui, effaçant encore l'opposition idéaliste du dedans au dehors, ouvre sur la généralité, coïncide avec le fonctionnement de ce texte « pluri-dimensionnel[9] » caractérisé par sa fonction signifiante multiple « parfums, sons, couleurs ». (« Il est chargé de l'humanité, des animaux même ; il devra faire sentir, palper, écouter ses inventions ; si ce qu'il rapporte de là-bas a forme, il donne forme ; si c'est informe, il donne de l'informe. ») Être « poète », (être le lieu d'une pratique scripturale où « une langue » est mise en demeure de « se trouver »), c'est être voyant (être le lieu où s'écrit le texte général) mais cet accès à la généralité du texte ne peut être frayé que par une action violente d'effraction et de destruction contre le système linéaire de la représentation et de la mentalisation fondé sur la norme, la loi, le sens qui justifie la norme. *Les sens contre le sens.* Une telle action opère à l'intérieur de la sexualité contre la sexualité comme sens (finalité du génital) ;

---

[8]. Cf. Derrida, *La Voix et le Phénomène*, PUF.
[9]. Cf. Philippe Sollers, *La science de Lautréamont*.

elle remplace la forme unique et réduite d'une sexualité aplatie par le refoulement et la névrose sociale (provoquée par la répression théologique et téléologique du sens) par le *pluriel* de la perversion généralisée (« dérèglement de tous les sens » – « toutes les formes d'amour ») dans laquelle le corps est appelé à jouer et à déployer toutes les postures et les renversements d'une langue qui, débarrassée de l'expressivité, est susceptible de tout dire (de dire aussi son propre fonctionnement). « ... le temps d'un langage universel viendra ! » L'action violente ouvrant le texte multidimensionnel provoque le dérèglement du système linéaire qui permet à un sujet raisonnable (doué de sens, de bon sens) de se croire maître de ses repères et possesseur de sa langue (d'une langue toute faite et non pas « à trouver ») alors que ce sujet n'est qu'un effet du texte (déterminations psycho-sociales) qui l'agit. On passe ici d'une langue normalisée à une langue n'obéissant plus à la normalité du code, ni au message représentatif (langue donc qui par rapport au code peut se déclarer « folie ») – production évidemment transgressive par rapport à la loi instituant la normalité qui cherche à l'écarter, à l'exclure, à le condamner (le poète est donc « le grand criminel et le grand maudit »). Cette langue se distingue radicalement de la langue considérée comme moyen de communication et d'expression, du modèle phonologique linéaire. Au lieu d'être définie par son rapport au code, à la normalité, c'est le code qui se définit par son rapport à elle (« Énormité devenant norme. ») Elle se caractérise par une sorte de traversée dans le texte général « résumant tout, parfums, sons, couleurs » auquel elle appartient (« absorbée par tous »). Loin donc d'être l'expression d'une réalité extérieure à elle (« il donnerait plus – que la *formule* de sa pensée, que la notation *de sa marche au* Progrès! ») (nous soulignons), elle est intérieure au texte général (*qui pour être texte est toujours en quelque sorte déjà théorisé*), et en relation dialectique avec lui (« de la pensée accrochant la pensée et tirant »). Pratique donc transformative, « multiplicatrice de progrès » « la poésie sera en avant », révolutionnaire justement dans la mesure où *l'opération* qui la caractérise n'est pas simple addition linéaire (a+a+... n), mais multiplication, recours à la puissance $a^{(a+a+...n)}$.

Aussi faut-il reconnaître que le lieu textuel ainsi défini, le lieu où s'élabore, où se trouve, où s'invente une langue universelle, caractérisé donc par un rapport actif de la pratique et de la théorie, est le lieu même d'une science générale, matérialiste (« Cet avenir sera matérialiste, vous le voyez. – Toujours pleins du *Nombre* et de l'*Harmonie*, ces poèmes seront faits pour rester. ») Aussi le Poète, représentatif de ce lieu, pourra-t-il être aussi reconnu comme « le suprême savant ». « Le poète définirait la quantité d'inconnu s'éveillant en son temps dans l'âme universelle. »

Ainsi est-on maintenant mieux susceptible de poser le problème sur lequel venait buter dans son mouvement la pratique textuelle de Rimbaud : la relation du texte au sujet, à l'« auteur ». Reprenons. La relation entre le texte et le producteur du texte, son scripteur, se dédouble dans le rapport entre la chanson et l'œuvre, l'œuvre étant la pensée chantée et comprise du chanteur. Relation entre une pratique (la chanson) et une théorie (la science de cette pratique). L'« œuvre » constitue l'ensemble de ce rapport. Il ne s'agit plus, bien entendu, d'une œuvre esthétique mais d'une production dialectique (pratique, pensée de cette pratique, pratique de cette pensée) dans laquelle le producteur est compris : s'annule en tant que sujet responsable, auteur d'une œuvre qui serait la sienne. « Si le cuivre s'éveille clairon, il n'y a rien de sa faute. » Loin que ce soit l'auteur qui engendre l'œuvre, c'est le texte qui produit son scripteur. L'illusion chrétienne et bourgeoise de la création, l'illusion du signifié apparaissant comme le dehors et l'au-delà de la production textuelle « naturelle », immédiate (« l'intelligence universelle a toujours jeté ses idées, naturellement ; »), aboutit à une fossilisation de l'organisme producteur : « Si les vieux imbéciles n'avaient pas trouvé du Moi que la signification fausse, nous n'aurions pas à balayer ces millions de squelettes qui, depuis un temps infini, ! ont accumulé les produits de leur intelligence borgnesse, en s'en clamant les auteurs ! » Le livre est solidaire de cette conception. Objet, contenant, récipient, coffre-fort, symbole de la thésaurisation du sens : « on écrivait des livres », il masque par son caractère de chose et son aspect fétiche l'activité incessante de la production textuelle. Il est la figure complémentaire de l'en-soi créateur, « d'un créateur » antérieur à « sa créature ». Mais « cet homme n'a jamais existé ». Au contraire l'homme est le produit de sa production, l'effet de son travail. À celui qui « *veut* être poète » et qui croit y arriver en cultivant son âme, qui donc se croit déjà « auteur », Rimbaud oppose celui qui est né poète, qui s'est reconnu imprégné par l'océan textuel, celui qui ne peut pas dire : « je pense » mais « on me pense » – autrement dit celui qui substitue à la culture et à l'idolâtrie du moi et à la « poésie subjective » personnelle qui en est le corollaire, le développement de la « poésie objective » « impersonnelle » où s'élabore la science textuelle. « Je » est donc un autre et non le sujet personnel que la langue nous a appris à désigner. Le texte pense celui qui croit le penser (« on me pense »). La poésie impersonnelle, objective, est l'acte même par lequel le texte constitue la possibilité de sa lecture. Ce double du texte en lecture et écriture s'exprime par le *on* textuel impersonnel pensant celui qui le lit. « Je » devient le texte même. Le sujet du texte est le texte lui-même : « j'assiste à l'éclosion de ma pensée : je la regarde, je l'écoute [voïeul/voyant] : je lance un coup d'archet : la symphonie fait son remuement dans les profondeurs, ou vient d'un bond sur la scène. » Le texte est donc une *scénographie*, l'écriture d'une scène où il est amené à se représenter comme sujet. Les deux points qui séparent chaque membre de la phrase signalent l'opération dialectique fondamentale d'une production textuelle se constituant comme sujet (« j'assiste à l'éclosion de ma pensée ») dans l'alternance de l'écriture (« je lance un coup d'archet ») et de la lecture (« je la regarde, je l'écoute »).

MER-SOLEIL

La rupture entre un texte encore soumis à l'idéologème de la représentation et la scène active de la mémoire productrice se laisse lire dans l'écart qui sépare le *Bateau ivre* des « derniers vers ». Celui donc qui passe dans le texte devient mémoire active, réécriture productive. Le milieu textuel – l'océan – n'est plus décrit, mais s'écrit en se réécrivant. Nous verrons le problème particulier que pose dans *Une saison en Enfer* la réécriture du texte occidental. Mais dans les *Derniers vers* la (ré)écriture de Rimbaud expose la dissolution du sujet biographique limité dans sa propre mémoire textuelle – question donc, qui persistera aussi dans *une saison,* du rapport entre sujet biographique – devenu lecteur de sa propre mémoire – et la mémoire productrice de texte – écriture produisant sa propre mémoire. « Et si je redeviens / Le voyageur ancien, / Jamais l'auberge verte / Ne peut bien m'être ouverte. » Le retour sur le texte, sa relecture – le voyageur ancien, le *Cabaret-vert* des premières poésies – propose la répétition (« auberge verte »), le déplacement (« auberge » pour « cabaret »), la négation (« jamais »). La formule syntaxique « jamais… ne peut bien » juxtapose explicitement la négation et la tournure affirmative confiée à l'adverbe bien et rend apparente l'actualisation du contenu nié par l'emploi du présent (de l'écriture) à la place du futur (illusion du sujet se projetant dans un futur personnel). C'est le présent productif qui peut *se lire* et disposer de tous les temps. « Tel, j'eusse été mauvaise enseigne d'auberge. » Le décor ancien (la loi, la religion, les monuments du sens) est converti en texte, il est brûlé, consumé dans le feu textuel (« vis et laisse au feu l'obscure infortune »), par la soif et la faim, par le désir textuel. « À toi, Nature, je me rends ; / Et ma faim et toute ma soif. / Et, s'il te plaît, nourris, abreuve. » Faim et soif, fêtes, *Comédie de la soif*, *Fêtes de la faim*, *Fêtes de la patience*, tout cela désigne l'ensemble d'un texte débarrassé de l'ordre représentatif et relevant d'une économie de dépense (« Mourir aux fleuves barbares » – « Je veux bien que les saisons m'usent. ») Le milieu liquide non contenu – infini – (« Non, plus ces boissons pures, / Ces fleurs d'eau pour verres ; »), forme l'élément constitutif du texte se consumant – consumation du texte par lui-même, « Que comprendre à ma parole ? / Il fait qu'elle fuit et vole » – consumation du sujet parlant dans l'infini textuel (« Le loup criait sous les feuilles / En crachant les belles plumes / De son repas de volailles : / Comme lui je me consume. ») Dans ce milieu de circulation intense, l'opposition pertinente n'apparaît plus comme dans le *Bateau ivre* entre le sens et les sens, entre le fleuve et l'océan, mais entre le limité, l'immobilité, la massivité de la substance et la production, le mouvement non fini (dans les *Déserts de l'amour* : « et ses livres, cachés, qui avaient trempé dans l'océan ! »). Rivières, fleuve, mer : eau pareille et renouvelée dont les parties indissociables *ne sont jamais à une place définie et durable* et ne se comprend que comme *transport*. En fait, la consommation se marque par l'alliance de l'eau et du feu (« L'azur et l'onde communient ») dont l'alcool, l'eau-de-feu, et toutes les drogues favorisant les excitations artificielles ne présentent que le simulacre (« Gagnons, pèlerins sages, / L'Absinthe aux verts piliers… / Moi. – Plus ces paysages. / Qu'est l'ivresse, Amis ? ») et n'apportent que la préfiguration (« Porte aux travailleurs l'eau-de-vie, / Pour que leurs forces soient en paix / En attendant le bain dans la mer, à midi. ») L'éternité textuelle, la production de tous les temps dans un présent de lecture et d'écriture évidemment inaccessible au sujet, c'est bien « la mer allée avec le soleil ». Milieu de générations, de métamorphoses (« et je vécus, étincelle d'or de la lumière nature »), d'écarts, d'éclats, d'intervalles. Un texte qui ne se mesure plus par le rapport qu'il entretient avec un signifié transcendantal, c'est-à-dire par la hiérarchie et l'antériorité d'un sens à un autre, se trouvera nécessairement *démétaphorisé* dans la mesure où la métaphore consacre un terme privilégié de comparaison. Transmétaphorique, il n'exclut mais ne privilégie nul sens, ne soumet durablement aucun semantème à un autre – « Rien de rien ne m'illusionne ; / C'est rire aux parents, qu'au soleil / Mais moi je ne veux rire à rien ; » La syntaxe fait bien ressortir le terme manquant de la comparaison « C'est rire aux parents, qu'au soleil, » et la suppression de toute hiérarchie du sens. D'autant plus que rire peut être encore un *effet*, une réaction à l'espace représentatif. Le premier opérateur, la multiplication qui caractérise la production textuelle (cf. lettre à Demeny du 15/5/71) a pour corollaire l'équivalence. Au niveau textuel chaque corps, chaque signifiant, en vaut un autre[10]. La production textuelle ne compare pas mais consomme. D'où l'importance de la faim, de la soif : « Mangeons l'air, / le roc, le charbon, les pierres. » Chaque corps (entendu comme corps de la lettre) s'échange contre un autre, se dissocie et se recompose, circule dans un transfert incessant, dans une transformation textuelle opérante dont *l'orage* – alliance de l'eau et du feu – scène

---

10. C'est cette règle d'équivalence – non hiérarchique – qui en psychanalyse rend possible l'interprétation des rêves.

de la dépense et de l'écart – de l'éternité textuelle – forme une figure insistante: « Puis l'orage changea le ciel, jusqu'au soir. / Ce furent des pays noirs, des lacs, des perches, / Des colonnades sous la nuit bleue, des gares. » (*Larme*) – « Fuyez! plaine, déserts, prairie, horizons / Sont à la toilette rouge de l'orage! », *Michel et Christine*. Ce poème annonce d'ailleurs la destruction de l'occident chrétien balayé par les « éclairs supérieurs » de l'orage textuel, la « fin de l'Idylle » chrétienne. « Voilà mille loups, mille graines sauvages / Qu'emporte, non sans aimer les liserons, / Cette religieuse après-midi d'orage / Sur l'Europe ancienne où cent hordes iront! » Au niveau même de la lettre, ce transfert, cette permutation, cette non hiérarchie sont rendus perceptibles par l'emploi de l'anagramme (« La nuit, l'amie (oh) la lune de miel ») qui montre que l'écriture phonétique peut se retourner contre l'idéologie expressive du logocentrisme.

La nouvelle science textuelle, pratique et théorique, réclamera donc pour échapper à l'ancienne science *patience* (pas science, impatiente négation de la science théologique), état efficace pour lutter contre « les craintes et les souffrances » du sujet parlant, du sujet de la science occidentale chrétienne fondée sur la vérité, le salut, l'espérance (« Là pas d'espérance, / Nul orietur. / Science avec patience, / Le supplice est sûr. ») C'est contre cette science ancienne, son idéologie toujours renaissante, contre le mur du sens que vient buter la nouvelle science – la science textuelle révolutionnaire. Et c'est pourquoi elle est amenée à constamment relire et réécrire le texte de l'ancienne et encore dominante science occidentale.

RELECTURE/RÉÉCRITURE/CLÔTURE

La position respective d'*Une saison en enfer* et des *Illuminations* dépend moins d'une chronologie réelle (et qui malgré les innombrables études est demeurée hypothétique) que de la conception que l'on se fait du texte. En effet, si l'on rapporte le texte de Rimbaud à un personnage qui en serait l'auteur, si donc le texte contient les indices d'une biographie qu'il s'agira de reconstituer, il doit se soumettre à elle. Dans cette perspective, *Une saison en enfer* est bien la dernière « œuvre » du « poète Arthur Rimbaud ». Elle précède, annonce et explique biographiquement le silence, ou l'« échec » de celui-ci, sa renonciation à la « littérature ». Si, par contre, on a en vue à travers le texte de Rimbaud l'histoire du texte et ce qui apparaît précisément à la fin du XIXe siècle comme rupture, bouleversement de l'économie textuelle, *Une saison en enfer* peut être reconnue « dernier texte de l'Occident » et les *Illuminations* appartenir déjà à un espace nouveau. Il ne s'agit évidemment pas ici d'histoire « réelle ». Il n'y a pas de dernier texte de l'Occident, comme on ne peut davantage isoler le premier texte inaugurant une pratique nouvelle, mais de *moment symbolique* – et ce moment, cette épreuve de la rupture prend, entre autres, nom de Rimbaud comme elle peut s'appeler aussi Lautréamont et Mallarmé[11]. On pourrait caractériser ce moment comme celui où le sujet après avoir été saisi par le texte impersonnel (se faisant lecteur impersonnel d'un texte) disparaît pour faire place à une nouvelle pratique : celle d'un texte sans sujet. Reprenons : le texte du jeune Rimbaud, biographique, renvoie à la parodie de la littérature et de la rhétorique. Cette biographie se donne à la fois comme effet et déviation d'une pratique scripturale reconnue. La biographie (la problématique du sujet dans l'écriture) apparaît ici comme le corollaire nécessaire d'une certaine conception de l'écriture, de la production de texte (« création littéraire »). Mais Rimbaud, nous l'avons vu, ne cesse de reprendre, de réécrire cette biographie qui devient, de la sorte, de plus en plus textuelle, au fur et à mesure que le texte s'accumule. De plus en plus ce qui s'écrit ce n'est plus l'expression d'un sujet s'exprimant par le moyen d'une langue – dans un cadre rhétorique déterminé – mais l'histoire d'un texte, d'une production textuelle qui comprend le sujet qui s'en croyait l'auteur comme son propre effet. Pour biographique qu'elle

---

11. Il ne s'agit pas ici de rapprocher des pratiques scripturales différentes, mais d'effectuer une lecture symptomatique permettant de préciser la spécificité de la coupure et la place de Rimbaud par rapport à elle.

soit encore, cette réécriture devient histoire de sa propre graphie ; elle transforme le texte biographique en biographie de l'écriture productrice, en histoire du texte s'écrivant, en *autographie*. L'ambiguïté du texte rimbaldien (ce qui le prédispose à toutes les tentatives de récupérations expressives, à toutes les réductions justement biographiques), se trouve expliquée par une pratique fondamentalement textuelle qui consiste en l(a)'(ré)écriture d'une biographie textuelle, apparemment d'abord subjective, et peu à peu généralisée (passage à l'impersonnel textuel) jusqu'à s'identifier avec l'ensemble du texte occidental et sa réécriture. *Une saison en enfer* doit et ne peut se comprendre que comme la lecture, la relecture, l'écriture, la réécriture, le procès interminable d'une reprise textuelle – biographique alors dans le sens où c'est une écriture qui écrit, réécrit sa propre vie déjà graphique, déjà inscrite dans un texte global (l'Occident chrétien). Ceci a deux conséquences. Premièrement, la relecture, la réécriture est travaillée par une histoire double. Double en ceci que si l'écriture est actualisation, « après-coup » d'un autre texte, cette actualisation détermine le texte comme histoire (constituée). Mais cette réécriture, dans la mesure où elle est explicitement affirmée, donne à lire l'histoire du procès textuel, de la production de texte comme histoire. En même temps donc que le texte écrit fait apparaître la dimension historique, par là-même qu'il se donne comme écrit, il éclaire l'histoire de la production textuelle comme histoire. En second lieu, *Une saison en enfer* étant l'actualisation d'un texte déjà existant, elle se réfère explicitement à une pratique délibérée de l'intertextualité. Elle met donc l'accent sur le caractère essentiel de la pratique scripturale non expressive, sur le fait que tout texte est réécriture d'un autre texte (opération par laquelle ce dernier se rend lisible). Mais le texte de référence d'*Une saison en enfer* est le texte idéologique de l'Occident (de sa philosophie, de sa religion, de sa science, de sa conception artistique) qui a occulté le travail textuel et s'est donné comme expression et recherche d'un sens ultime, d'une origine, d'un signifié transcendental — c'est dire peut-être la difficulté théorique que pose la lecture d'*Une saison* — et les contradictions qu'il semble nécessaire ici de maintenir. Il faut donc admettre qu'*Une saison en enfer* comme tout texte charnière contemporain d'une rupture dit autre chose que ce qu'il dit, ne dit pas ce qu'il dit et produit ce qu'il ne dit pas.

Dès le début, *Une saison en enfer* se donne comme mythe : « Jadis, si je me souviens bien, ma vie était un festin où s'ouvraient tous les cœurs, où tous les vins coulaient. » Or le mythe répond à deux caractères. Il raconte une histoire passée et close et d'autre part il donne à lire le présent comme effet, conséquence et répétition de l'histoire passée. Il est à la fois interprétation du présent par le passé, mais confirmation du passé par le présent. Autrement dit, il fait bien jouer l'articulation de l'écriture et du texte, mais la prive d'une action transformatrice. L'histoire qui est en train de s'écrire est déjà écrite, le système est clos et tout ce qui s'écrit appartient déjà à cette clôture. Le système apparaît dans sa clôture (peut s'écrire comme un mythe) lorsqu'il arrive à un certain point de saturation. Nul élément nouveau ne peut se produire qui n'ait déjà sa réponse, dont la réponse ne soit antérieure à sa venue. Tout a déjà été dit, se répète; tout est déjà vu, connu: « Pas une famille d'Europe que je ne connaisse. – J'entends des familles comme la mienne, qui tiennent tout de la déclaration des Droits de l'Homme. – J'ai connu chaque fils de famille! » (*Mauvais Sang*) « Ciel! sommes-nous assez de damnés ici-bas! Moi j'ai tant de temps déjà dans leur troupe! Je les connais tous. Nous nous reconnaissons toujours » (*L'Impossible*). *Une saison en enfer* est le texte affolé du système occidental chrétien arrivé à saturation. La damnation, l'enfer, c'est à la fois la reconnaissance de la clôture, de la saturation du système, et l'impossibilité d'en sortir. « Je ne me souviens pas plus loin que cette terre-ci et le christianisme » (*Mauvais Sang*). « […] je vois que mes malaises viennent de ne pas m'être figuré assez tôt que nous sommes à l'Occident. Les marais occidentaux! » (*L'Impossible*)

Le sujet donc qui ne s'est saisi que comme effet textuel (et fragment de ce texte) se met en position d'être réécrit par l'ensemble du texte qui l'a déterminé dans cet effet. Le christianisme s'écrit dans sa propre histoire déjà écrite : « Je me rappelle l'histoire de la France fille aînée de l'Église. J'aurais fait, manant, le voyage de terre sainte ; j'ai dans la tête des routes dans les plaines souabes, des vues de Byzance, des remparts de Solyme ; le culte de Marie, l'attendrissement sur le crucifié s'éveillent en moi parmi mille féeries profanes [...] Plus tard, reître, j'aurais bivaqué sous les nuits d'Allemagne [...] Qu'étais-je au siècle dernier ? » Telle est si l'on peut dire à la fois la preuve et la conséquence d'une histoire close. Le texte qui en dispose peut bien conjuguer tous les temps, ceux-ci s'identifient en fait au conditionnel passé ou au futur antérieur. Le futur est déjà passé, le conditionnel accompli. « Je m'y habituerai. Ce serait la vie française, le sentier de l'honneur ! » La pratique textuelle qui joue du texte mais cherche encore à se définir par rapport à l'idéologie du texte (son expressivité) se trouve constamment ramenée et dépendante de cette idéologie et mise en position de dévoiler les contradictions inhérentes à celle-ci. C'est que l'ensemble du texte logocentrique qui se donne à lire comme achevé, clos, suscite immanquablement le désir de son « au-delà » ou de son dehors, mais la façon dont se pose l'éventualité d'un franchissement de l'espace métaphysique et les solutions offertes appartiennent encore à ce même espace. « On ne sort pas d'un espace clos, écrit Althusser, en s'installant dans son simple dehors que c'en soit l'extérieur ou la profondeur : tant que ce dehors et cette profondeur restent *son* dehors et *sa* profondeur, ils appartiennent encore à *ce* cercle, à *cet* espace clos, comme sa répétition dans *son* autre que soi. » Il semble qu'*Une saison en enfer* soit bien la relation de toutes les tentatives faites pour échapper à l'espace clos de la pensée et de l'idéologie occidentale – mais ces tentatives sont déjà inscrites nécessairement dans l'histoire, elles ne font que répéter le mécanisme propre à cette histoire, elles ne relèvent que des solutions inhérentes à la logique propre à l'histoire de l'Occident et de la sorte ne font qu'en redoubler la puissance contraignante : « Je me crois en enfer, donc j'y suis. C'est l'exécution du catéchisme. Je suis esclave de mon baptême. Parents, vous avez fait mon malheur et vous avez fait le vôtre. Pauvre innocent ! – L'enfer ne peut attaquer les païens. »

Ainsi le désir d'échapper à l'espace logocentrique se manifestera d'abord par le refus du principe fondamental de celui-ci, par le refus du père et de sa loi. Tout au long de ces pages, celui qui dispose d'un texte qui dispose de lui comme d'une voix insistante (« Tais-toi, mais tais-toi ! [...] Des erreurs qu'on me souffle, magies, parfums faux, musiques puériles. – Et dire que je tiens la vérité, que je vois la justice... »), celui donc qui ne peut pas faire autrement que de lire ce texte-là, mais qui se reconnaît comme le lisant sous la contrainte (« L'esprit est autorité, il veut que je sois en Occident. Il faudrait le faire taire pour conclure comme je voulais. ») va chercher à briser la loi du père de toutes les manières possibles. En choisissant d'abord une contre-loi (« Je parvins à faire s'évanouir dans mon esprit toute l'espérance humaine [...] Je me suis armé contre la justice [...] Je me suis allongé dans la boue. Je me suis séché à l'air du crime. ») ; en se reconnaissant issu et condamné, donc choisi par un *contre-père* (« Satan qui dit que le feu est ignoble, que ma colère est affreusement sotte [...] C'est le feu qui se relève avec son damné »). Ou par le désir d'une filiation autre, par la recherche inhérente au christianisme d'un père autre, c'est-à-dire par l'effacement du péché originel, par la quête d'une innocence première, par le recours à une loi hors-loi, par tout ce qui travaille l'idéologie chrétienne, comme son origine, son autre, son extérieur : « Il m'est bien évident que j'ai toujours été de race inférieure. Je ne puis comprendre la révolte (c'est-à-dire le rapport à la loi). Ma race ne se souleva jamais que pour piller : tels les loups à la bête qu'ils n'ont pas tuée. » – « Me voici sur la plage armoricaine. Que les villes s'allument dans le soir. Ma journée est faite ; je quitte l'Europe. L'air marin brûlera mes poumons ; les climats perdus me tanneront. Nager, broyer l'herbe, chasser, fumer surtout ; boire des liqueurs fortes comme du métal bouillant, – comme faisaient ces chers ancêtres autour des feux. » – « – « Prêtres, professeurs, maîtres, vous vous trompez en me livrant à la justice. Je n'ai jamais été de ce peuple-ci ; je n'ai jamais été chrétien ; je suis de la race qui chantait dans le supplice ; je ne comprends pas les lois ; je n'ai pas le sens moral, je suis une brute... » – « Je suis une bête, un nègre. » – « Je suis de race lointaine : mes pères étaient Scandinaves : ils se perçaient les côtes, buvaient leur sang. – Je me ferai des entailles par tout le corps, je me tatouerai, je veux devenir hideux comme un Mongol... » Mais la quête de l'origine qui est désir du père autre peut aussi se traduire par le désir de l'absence du père, par son meurtre ou son anéantissement, son annulation. La religion du père engendre nécessairement le désir de bâtardise. Au Bien, à la Beauté, à la Justice qui forment les figures complémentaires du masque paternel, il ne s'agira même plus d'opposer une contre-loi paternelle, mais une destruction de la loi qui en fait aboutira à l'affirmation transgressive de sa propre loi : « Encore tout enfant, j'admirais le forçat intraitable sur qui se referme toujours le bagne ; je visitais les auberges et les garnis qu'il aurait sacrés par son séjour ; je voyais *avec son idée* le ciel bleu et le travail fleuri de la campagne ; je flairais sa fatalité dans les villes. Il avait plus de force qu'un saint, plus de bon sens qu'un voyageur – *et lui, lui seul! pour témoin de sa gloire* et *de sa raison.* » (Nous soulignons.) Mais il est bien évident que le père désiré ou annulé ne peut se définir qu'à partir du père connu de la loi explicite, et en comparaison avec lui, quelle que soit par ailleurs la solution envisagée : volonté d'une bâtardise, remontée à travers la génération paternelle et la succession de la loi jusqu'à l'ancêtre initiateur d'une loi autre qui a été oubliée ou pervertie. On ne peut annuler la loi du père « Je suis esclave de mon baptême », ni sortir du continent du sens « J'envoyais au diable les palmes des martyrs, les rayons de l'art, l'orgueil des inventeurs, l'ardeur des pillards ; je retournais à l'Orient et à la sagesse première et éternelle. – Il parait que c'est un rêve de paresse grossière ! » puisque cette sortie ne peut se penser que dans la logique même qui assure sa domination. « M. Prudhomme est né avec le Christ. » La négation du continent chrétien c'est-à-dire la croyance en un sujet indépendant des conditions réelles et de ses déterminations locales et idéologiques relève de l'idéalisme congénital à celui-ci. « Les philosophes : Le monde n'a pas d'âge. L'humanité se déplace, simplement. Vous êtes en Occident, mais libre d'habiter dans votre Orient, quelque ancien qu'il vous le faille, – et d'y habiter bien. Ne soyez pas un vaincu. Philosophes, vous êtes de votre Occident. » Toute tentative d'excès et de sortie hors de la clôture a pour conséquence immédiate la constatation de la domination de sa logique et de son idéologie : « Je me crois en enfer, donc j'y suis. C'est l'exécution du catéchisme. Je suis esclave de mon baptême. » – « Les gens d'Église diront : c'est compris. Mais vous voulez parler de l'Éden. [...] – C'est vrai, c'est à l'Éden que je songeais ! Qu'est-ce que c'est pour mon rêve, cette pureté des races antiques ! » L'idéologie invente l'autre illusoire pour assurer la survie du système (économique en « dernière instance »), mais cet autre illusoire qui répond à une fonction précise doit se présenter de telle façon que le système dont il est le reflet apparaîtra comme son propre reflet déchu. Pour l'idéologie chrétienne (qui peut longtemps survivre à la religion), Dieu ne peut évidemment jamais apparaître comme un produit illusoire de la société, puisqu'il se masque toujours dans de nouvelles figures apparemment non illusoires. En fait, la société trouve le meilleur moyen d'assurer sa survie par l'idée qu'elle n'est jamais que l'expression imparfaite et déchue de Dieu ou de ses métaphores terrestres. Elle substitue de la sorte à la possibilité d'une transformation révolutionnaire, la certitude d'un changement orienté vers le perfectionnement de ce qu'elle est déjà et incarnant en elle-même, réalisant « le royaume des cieux » – « Oh! la science! On a tout repris. Pour le corps et pour l'âme, – le viatique, – on a la médecine et la philosophie, – les remèdes de bonnes femmes et les chansons populaires arrangées. Et les divertissements des princes et les jeux qu'ils interdisaient! Géographie, cosmographie, mécanique, chimie!... » Tels sont sans doute la pensée et l'intérêt essentiels de l'*humanisme* postérieur mais intérieur à la religion. « Mais n'y a-t-il pas un supplice réel en ce que, depuis cette déclaration de la science, le christianisme, l'homme *se joue*, se prouve les évidences, se gonfle du plaisir de répéter ces preuves, et ne vit que comme cela! » – « Du même désert, à la même nuit, toujours mes yeux las se réveillent à l'étoile-d'argent, toujours, sans que s'émeuvent les Rois de la vie, les trois mages, le cœur, l'âme, l'esprit. Quand irons-nous, par-delà les grèves et les monts, saluer la naissance du travail nouveau, la sagesse nouvelle, la fuite des tyrans et des démons, la fin de la superstition, adorer – les premiers ! – Noël sur la terre ! / Le chant des cieux, la marche des peuples ! Esclaves, ne maudissons pas la vie. » C'est en ce sens qu'il faut comprendre que la condamnation portée contre la société dans les termes mêmes dans lesquels cette société se pense ne font en définitive que l'affirmer et assurer son bon fonctionnement. L'erreur, la fausseté, la négritude, ne sont jamais que les figures complémentaires de la vérité du continent « blanc ». L'autre continent est nécessaire à l'extension et au règne de ce continent-ci, une fois la condamnation portée contre lui : « Vous êtes de faux nègres, vous maniaques, féroces, avares. Marchand, tu es nègre ; magistrat, tu es nègre ; général, tu es nègre ; empereur, vieille démangeaison, tu es nègre : tu as bu d'une liqueur non taxée, de la fabrique de Satan. » Ce sont toujours les mêmes blancs qui « débarquent » et reproduisent l'exploitation du colonialisme blanc, qui se fait au nom de la morale, de la religion, de la science. Car la science moderne elle-même apparaît bien comme le produit ultime du christianisme. L'idéologie qui la traverse ne se différencie pas de l'idéologie chrétienne parce qu'elle en est l'héritière : « L'amour divin seul octroie les clefs de la science. » La rationalité scientifique est travaillée plus ou moins consciemment par les mêmes mobiles, par la vérité bien sûr, mais aussi par l'idée de salut, de justice, progrès. Théologique et téléologique, elle n'aboutit tout au plus qu'à renverser le sens du texte chrétien : « Au tout est vanité », le texte scientifique répond : « « Rien n'est vanité ; à la science, et en avant » crie l'Ecclésiaste moderne, c'est-à-dire *Tout le monde.* » – « Ah ! vite, vite un peu ; là-bas, par-delà la nuit, ces récompenses futures, éternelles... les échappons-nous ?... / – Qu'y puis-je ? Je connais le travail ; et la science est trop lente. » – « Et dire que je tiens la vérité, que je vois la justice : j'ai un jugement sain et arrêté, je suis prêt pour la perfection... Orgueil. » La science n'est que le détour logique par lequel le discours de la vérité rejoint le fondement de la vérité : Dieu.

Cette toute-puissance de l'idéologie qui habite la rationalité scientifique convaincue d'« échapper » à l'idéologie (et c'est cette illusion qui la détermine d'abord comme idéologie si le discours idéologique est défini avant tout par la méconnaissance de sa propre détermination idéologique) se manifeste aussi par ce qu'on pourrait appeler le *sexe idéologique*[12]. Dans notre société il se caractériserait d'une part par une homosexualité inconsciente sur-

---

12. Celui-ci, pour une société donnée, sera l'ensemble des représentations conscientes et inconscientes déterminant la place respective de

déterminée par le judéo-christianisme – religion du père[13] – et par les formes de la société qui s'y réfèrent idéologiquement (féodalité mais aussi société bourgeoise dans laquelle les rapports de classe sont *pensés* en termes de domination paternelle[14] et, d'autre part, par la fonction spécifique qui est confiée à la femme dans la société homosexuelle. La condamnation violente que Rimbaud porte contre la femme tient au rôle qu'elle est obligée de jouer dans la société du père. En effet, le caractère particulier de la sexualité et de l'Œdipe de la femme (castration, penisneid, amour du père) la conduit à préserver et à « diviniser » la loi du père (« Ô divin Époux, mon Seigneur, ne refusez pas la confession de la plus triste de vos servantes. »). Le pénis non possédé devient l'objet à la fois inaccessible et intouchable – sacré –

---

l'homme et la femme en tant qu'ils sont considérés comme des individus sexuels et les rapports qui en résultent d'un sexe à l'autre et d'un sexe au même sexe. Ces représentations, comme toute représentation idéologique, sont dépendantes des rapports de production existant pour cette société à un moment donné.

13. La « religion » du père a en effet pour corollaire une attitude féminine de l'homme à l'égard de son sexe dont Freud nous dit que, comme le désir du pénis chez la femme, c'est la structure psychique qui résiste le plus à l'analyse. (Voir *Abrégé de psychanalyse*)

14. Derrida dans *La Pharmacie de Platon* montre que la relation père/capital remonte à l'Antiquité : « Le *logos représente* ce à quoi il est redevable, le père est aussi un *chef*, un *capital*, un *bien*. Ou plutôt il est *le* chef, *le* capital, *le* bien… le sens du pater est parfois même infléchi dans le sens de capital financier. »

du désir. Le « signifiant » aurait ainsi chez la femme une tendance spontanée à virer au signifié. Son désir ne passant pas par le meurtre du père, elle n'a pas à remettre en question l'ordre paternel. En raison même de la loi de son désir, et des modalités de son Œdipe (« Plus tard, je connaîtrai le divin Époux ! Je suis née soumise à Lui »), la femme serait par la détermination de l'ordre symbolique mise en position d'être réactionnaire. Protectrice et garante de la loi, elle est aussi l'instrument de sa domination (la société civile et religieuse ne s'y est pas trompée qui a toujours vu dans la femme et les moyens de pression propres à celle-ci une manière d'assurer son pouvoir). Par elle l'homme épouse la loi du père et s'y soumet (autrement dit, la femme, objet d'échange, représente le lieu où s'accomplit l'homosexualité de la société par la transmission de la loi). En cherchant à retrouver dans l'homme la figure paternelle, elle neutralise chez lui l'action révolutionnaire de l'Œdipe meurtrier du père. Elle le réinstalle dans la loi paternelle et, en l'épousant, elle en fait doublement un père. Et si elle accomplit un meurtre[15], c'est bien le meurtre du meurtrier, le

---

15. Voir Lacan : « Pourquoi ne pas admettre en effet que, s'il n'est pas de virilité que la castration ne consacre, c'est un amant châtré ou un homme mort (voire les deux en un), qui pour la femme se cache derrière le voile pour y appeler son adoration... » in *Écrits*, « Pour un congrès sur la sexualité féminine », éd. du Seuil.

meurtre de l'amant, du fils qu'elle sacrifie et offre en expiation au *père* ressuscité. Aussi l'homosexualité « consciente » pourra-t-elle apparaître entre autres comme la conséquence de la situation œdipienne de la femme. « Il dit: « Je n'aime pas les femmes. L'amour est à réinventer, on le sait. Elles ne peuvent plus que vouloir une position assurée. La position gagnée, cœur et beauté sont mis de côté : il ne reste que froid dédain, l'aliment du mariage, aujourd'hui. » En regard du conservatisme de l'hétérosexualité (sociale: mariage) qui condamne l'homme à épouser à travers la femme la loi du père, l'homosexualité affirmée pourra se donner comme un geste révolutionnaire en tant que pratique sexuelle où se réalisent la transgression du *sens* – détournée de la téléologie de la génération – et le dévoilement transgressif de la loi homosexuelle inconsciente. Elle paraîtra subvertir le théologisme en en faisant surgir le refoulé: c'est-à-dire l'homosexualité elle-même. Mais cette pratique révolutionnaire demeure partielle et illusoire dans la mesure où la contradiction est refoulée et non levée par l'exclusion de la femme qui devient elle-même le point nodal du refoulement (c'est en ce sens qu'il faudrait comprendre à ce niveau d'analyse la dénégation de la castration féminine, de l'absence du pénis qu'on retrouve dans l'homosexualité). L'homosexualité répondrait alors à l'anarchisme révolutionnaire qui se refuse à penser la révolution comme pratique et théorie et se contente du geste individuel du refus de la loi – ce qui n'aboutit en fait qu'à renforcer sa domination. La pratique révolutionnaire devrait donc passer par la reconnaissance de l'aliénation de la femme en qui se perpétue l'ordre social existant, « J'ai eu raison de mépriser ces bonshommes qui ne perdraient pas l'occasion d'une caresse, parasites de la propreté et de la santé de nos femmes, aujourd'hui qu'elles sont si peu d'accord avec nous », et par la libération de celles-ci, c'est-à-dire la nécessité pour la femme d'accomplir le meurtre « contre nature » du père : accession au domaine théorique, textuel, par laquelle la femme acquiert au niveau symbolique l'usage du pénis dans la « grande ressemblance différence[16] » avec l'homme. « Ces poètes seront ! Quand sera brisé l'infini servage de la femme, quand elle vivra pour elle et par elle, l'homme, – jusqu'ici abominable, – lui ayant donné son renvoi, elle sera poète, elle aussi ! La femme trouvera de l'inconnu ! Ses mondes d'idées différeront-ils des nôtres ? – Elle trouvera des choses étranges, insondables, repoussantes, délicieuses ; nous les prendrons, nous les comprendrons. » En rompant avec la loi du père, les femmes accéderaient donc à la libre disposition du texte, à la pratique révolutionnaire qui lui est liée et pourraient devenir, dans l'égalité de la différence sexuelle affirmée, des

---

16. Voir à ce propos Julia Kristeva, « Le sens et la mode » in *Critique*, décembre 1967.

« camarades » : « Mais l'orgie et la camaraderie des femmes m'étaient interdites. » – « Ou bien je vois des femmes, avec des signes du bonheur, dont, moi, j'aurais pu faire de bonnes camarades, dévorées tout d'abord par des brutes sensibles comme des bûchers... » Telle est *l'opposition* en jeu dans le texte de Rimbaud : il ne condamne dans la femme que le *sexe idéologique*, et affirme la nécessité d'une libération textuelle passant par le parricide de la loi – libération distincte d'une pseudo-libération sexuelle contribuant surtout à renforcer, en le dissimulant, l'ordre social existant.

Cette analyse pourrait aussi aider à éclairer le problème de l'inscription homosexuelle dans le texte de Rimbaud. C'est en effet le recours aux sources biographiques qui donne la traduction homosexuelle de certains passages. Il conviendrait de se demander pourquoi l'homosexualité – exception faite des *Stupra* – n'est pas exposée explicitement, pourquoi elle est dissimulée, pourquoi Rimbaud qui signe de son *nom* et a cette densité biographique que l'on sait prendrait soin de voiler une homosexualité affirmée par ailleurs dans sa vie, tandis que dans « Lautréamont », absent biographiquement d'un texte dont il fait partie textuellement (pseudonyme), l'homosexualité manifeste se révèle être une arme provocatrice contre le texte occidental. Cela amènerait à distinguer radicalement ces deux textes en fonction de leur caractère stratégique différent.

Notons seulement ceci : dans *Une saison en enfer* le texte occidental y est moins dénoncé que montré. L'idéologie est rendue lisible par une écriture qui condense, ramasse le texte idéologique pour en faire éclater les contradictions[17]. La manœuvre stratégique d'*Une saison en enfer* consiste à dévoiler l'inconscient de l'idéologie qui travaille la société occidentale dans le signifiant inconscient des « sujets parlants ». Autrement dit l'homosexualité inscrite dans *Une saison* n'est rien d'autre que l'homosexualité inconsciente qui est à l'œuvre dans la société du père, dans le phallo-centrisme.

---

17. Texte de l'affolement du sujet parlant pensé comme effet textuel, pris dans le texte dont il croit disposer. À titre d'exemple : « Le chant raisonnable des anges s'élève du navire sauveur : c'est l'amour divin. – Deux amours ! je puis mourir de l'amour terrestre, mourir de dévouement. » – « La raison m'est née. Le monde est bon. Je bénirai la vie. J'aimerai mes frères. Ce ne sont plus des promesses d'enfance. Ni l'espoir d'échapper à la vieillesse et à la mort. Dieu fait ma force, et je loue Dieu. » – « Je ne suis pas prisonnier de ma raison. J'ai dit : Dieu. Je veux la liberté dans le salut... Plus besoin de dévouement ni d'amour divin. Je ne regrette pas le siècle des cœurs sensibles. Chacun a sa raison, mépris et charité... » – « M'étant retrouvé deux sous de raison – ça passe vite ! – je vois que mes malaises viennent de ne m'être pas figuré assez tôt que nous sommes à l'Occident. Les marais occidentaux ! Non que je croie la lumière altérée, la forme exténuée, le mouvement égaré... Bon ! voici que mon esprit veut absolument se charger de tous les développements cruels qu'a subis l'esprit depuis la fin de l'Orient... Il en veut, mon esprit ! » – « Vite, est-il d'autres vies ? » – « Farce continuelle ! Mon innocence me ferait pleurer. La vie est la farce à mener par tous. » – « Quelle vie ! La vraie vie est absente. »

L'apparition massive de l'idéologie n'est, nous l'avons vu, rendue possible que par la présentation du texte qu'elle imprègne et détermine en tant que celui-ci se donne à lire comme texte. Ce surgissement de la réalité textuelle occultée par la toute-puissance du signifié transcendental dépend d'une pratique de la réécriture par laquelle ce qui se pensait hors de l'écriture se livre comme déjà écrit. Pratique que l'on peut isoler par exemple dans les *Proses évangéliques* de Rimbaud qui disposent des Évangiles non comme expression d'une vérité hors texte, mais comme d'un texte écrit susceptible de se prêter à toutes les opérations de transformations scripturales. « Jésus n'avait point encore fait de miracles. Il avait dans une noce, dans une salle à manger verte et rose, parlé un peu hautement à la sainte Vierge. Et personne n'avait parlé du vin de Cana à Capharnaüm, ni sur le marché, ni sur les quais. » Aussi la pratique qui produit (et ici dans le sens de mettre en avant, de faire voir) le texte comme texte est-elle à la fois en mesure de survoler en le faisant apparaître l'espace de la clôture et de se signaler comme intérieur à lui. Rimbaud, nous l'avons vu, fait l'épreuve de la clôture, mais d'une manière paradoxale. Il restitue la quête du sujet parlant vers un au-delà de la clôture, quête qui appartient à l'idéologie même de cette clôture (elle se pense en terme de « salut »), mais d'autre part, par la pratique de réécriture qui est à l'œuvre, il ne reconnaît dans le sujet parlant qu'un effet textuel et en annonce la neutralisation. « [...] et ne sachant m'expliquer sans paroles païennes, je voudrais me taire. » Le franchissement de la clôture ne peut se produire que par l'éclatement de la ligne du sujet parlant, que par sa disparition corrélative de la pratique qui dispose du texte : « Tu ne sais ni où tu vas, ni pourquoi tu vas, entre partout, réponds à tout. On ne te tuera pas plus que si tu étais cadavre. »

Le mécanisme de la clôture, en conditionnant le texte à n'être jamais que la reproduction, la réécriture du texte déjà écrit, en le condamnant à être asservi au sens, à ne pouvoir échapper à la gravitation du sens, a pour effet, une fois donc qu'elle est posée comme clôture, c'est-à-dire comme réécriture actuelle, manifeste, de montrer l'écriture même à l'œuvre dans le texte soumis au sens, la production textuelle depuis toujours en jeu. Il faut ici souligner que la réécriture entreprise par Rimbaud du texte occidental et qui peut s'interpréter, comme on n'a pas manqué de le faire, en terme d'aventure individuelle, se trouve affirmée avec éclat comme réécriture d'une aventure qui n'est autre que celle de l'écriture. L'« *Alchimie du verbe* » en tant qu'elle réécrit une écriture, et ce n'est évidemment pas un hasard si cette réécriture est celle de l'écriture de Rimbaud par lui-même, entraîne avec elle tout le texte général d'*Une saison* dans le même procès de réécriture. « Rimbaud » est en mesure de réécrire son propre texte, comme il a réécrit dans sa totalité fragmentaire le texte de l'Occident chrétien, parce que celui-là est déjà inscrit dans celui-ci. L'écriture devient citation généralisée du texte. Cette pratique scripturale ainsi que le notait déjà Rimbaud dans la lettre à Demeny est folie : « À moi. L'histoire d'une de mes folies. » – « Aucun des sophismes de la folie – la folie qu'on enferme, – n'a été oublié par moi... » Folie parce qu'elle s'oppose résolument à la conception représentative de l'écriture, à la rhétorique expressive de l'art officiel (« [Je] trouvais dérisoires les célébrités de la peinture et de la poésie moderne. »), bravant l'oppression du sens déterminé par l'intérêt de la classe dominante : « J'aimais les peintures idiotes, dessus de portes, décors, toiles de saltimbanques, enseignes, enluminures populaires ; la littérature démodée, latin d'église, livres érotiques sans orthographe, romans de nos aïeules, contes de fées, petits livres de l'enfance, opéras vieux, refrains niais, rythmes naïfs. » – elle se trouve engagée dans l'étude de la fonction signifiante de la lettre et inscrite dans le corps et les *sens* et accessible à eux[18]. « J'inventai la couleur des voyelles ! – *A* noir, *E* blanc, *I* rouge, *O* bleu, *U* vert. – Je réglai la forme et le mouvement de chaque consonne, et, avec des rhythmes instinctifs, je me flattai d'inventer un verbe poétique accessible, un jour ou l'autre, à tous les sens. Je réservais la traduction. / Ce fut d'abord une étude. J'écrivais des

---

18. Voir l'ouvrage de Serge Leclaire, *Psychanalyser*, éd. du Seuil.

silences, des nuits, je notais l'inexprimable. Je fixais des vertiges. » Cette fonction de l'écriture, du corps de la lettre que Rimbaud « invente » comme la pratique même du texte (dont nous voyons que s'en dégage peu à peu le concept pour la pensée contemporaine), cette écriture en quelque sorte « somatique », cette écriture active des sens, se différencie donc radicalement de la science non textuelle du sens, la science qui s'ignore en tant que texte et prolonge dans son souci de vérité la métaphysique et le christianisme. Touchant au corps par le déplacement, la permutation, la transmutation des corps, elle pourra bien être qualifiée d'« alchimie » pour autant qu'elle se définira, en tant que science, comme contre-science de la science légale – comme science de la pré-science chrétienne. À la vérité de la science qui censure le texte, et pose dans la transparence du corps de la lettre la présence prochaine de « l'être », elle substitue la « supplémentarité[19] » indéfinie de la lettre, la production sans origine du texte – dont la formule pourrait être « à la place de » sans qu'il y ait jamais de terme ultime qui puisse en clore la série. C'est dans cette direction que l'on pourrait comprendre la fonction assignée par Rimbaud à l'hallucination, comme moteur de l'activité scripturale et

---

19. Pour tout ce qui concerne le concept du supplément et son rapport au « logocentrisme », voir Derrida, en particulier : *De la grammatologie* ; *La Pharmacie de Platon*.

dont il n'est pas besoin de souligner l'importance pour le travail signifiant spécifique des *Illuminations*. L'hallucination pensée comme activité scripturale détruit la fonction expressive et représentative du langage : « Je m'habituai à l'hallucination simple : je voyais très-franchement une mosquée à la place d'une usine, une école de tambours faite par des anges, des calèches sur les routes du ciel, un salon au fond d'un lac ; les monstres, les mystères ; un titre de vaudeville dressait des épouvantes devant moi. / Puis j'expliquai mes sophismes magiques avec l'hallucination des mots ! » L'hallucination conduit donc à un emploi stratégique des mots de telle sorte que les capacités représentatives de l'un soient neutralisées par et neutralisent celles de l'autre. Mettre une mosquée à la place d'une usine conduit à remplacer l'unité du lieu de la fonction représentative par la multidimensionnalité de l'espace textuel. Le texte ne supprime pas l'usine, puisque le mot est *écrit*, mais en projetant sur celui-ci un mot sémantiquement comparable (mosquée et usine sont des édifices), en posant l'un *à la place* de l'autre, il substitue à la dimension linéaire du sens, par un effet de superposition, le volume de son propre espace. L'hallucination ainsi présentée comme mode spécifique de la production scripturale, ne peut s'entendre comme le choix privilégié d'une forme de représentation mais comme l'irruption du texte général. Au syllogisme et à la logique prédicative de la « science » non textuelle la science textuelle oppose les sophismes magiques de sa logique. À l'ambivalence de la pensée du signe fondée sur l'unité, et à l'exclusion des contradictions incompatibles avec la vérité, la science textuelle répond par le trésor de l'affirmation non exclusive – disjonctive – des contradictions. « Je vais dévoiler tous les mystères, écrit Rimbaud dans *Nuit de l'enfer*: mystères religieux ou naturels, mort, naissance, avenir, passé, cosmogonie, néant. Je suis maître en fantasmagories. / Écoutez!... / J'ai tous les talents! – Il n'y a personne ici et il y a quelqu'un: je ne voudrais pas répandre mon trésor. – Veut-on des chants nègres, des danses de houris? Veut-on que je disparaisse, que je plonge à la recherche de l'*anneau*? Veut-on? Je ferai de l'or, des remèdes. »

Le texte s'écrivant, l'écriture en naissance de texte, c'est-à-dire opérant stratégiquement sur la masse textuelle existante, se met en position de jouer la multidimensionnalité du texte général; l'écriture assume les différents rôles tenus séparément par les divers organismes inconscients du texte (rôle idéologique, religieux, etc.). L'écriture généralisée peut se concevoir comme la scène même qui dispose du texte et de son économie de dépense opposée à l'économie de capitalisation solidaire de la morale précautionneuse intéressée à la sauvegarde d'un bien (d'un capital): « Je devins un opéra fabuleux: je vis que tous les êtres ont une fatalité de bonheur: l'action n'est pas la vie, mais une façon de gâcher quelque force, un énervement. La morale est la faiblesse de la cervelle. » Cette scène où se jouent tous les rôles, cette écriture qui dispose de l'ensemble (fragmentaire) du texte (« ma vie serait toujours trop immense pour être dévouée à la force et à la beauté ») mais ne peut être séparée de l'activité théorisante et donc forme système – « Aucun des sophismes de la folie – la folie qu'on enferme, – n'a été oublié par moi : je pourrais les redire tous, je tiens le système » – annonce maintenant la disparition effective du sujet parlant conçu dans la présence immédiate d'une substance identique à soi et inconscient du texte général qui le parle. « À chaque être, plusieurs *autres* vies me semblaient dues. Ce monsieur ne sait ce qu'il fait : il est un ange. Cette famille est une nichée de chiens. Devant plusieurs hommes, je causai tout haut avec un moment d'une de leurs autres vies. – Ainsi, j'ai aimé un porc. »

« J'ai cru acquérir des pouvoirs surnaturels. Eh bien ! je dois enterrer mon imagination et mes souvenirs ! Une belle gloire d'artiste et de conteur emportée ! » écrira Rimbaud à la fin d'*Une saison* – Cet « adieu » à la « littérature » semble moins viser la production textuelle dans sa réalité de lecture et d'écriture, dans son rapport indissociable de pratique et de théorie qu'il ne condamne la renaissance persistante du sujet parlant en proie au vertige du texte impersonnel. La conception idéologique de la création artistique pensée sur le modèle de la création divine a justement pour fonction de s'opposer à l'annulation du sujet parlant que la pratique scripturale rend effective. « J'ai créé toutes les fêtes, tous les triomphes, tous les drames. J'ai essayé d'inventer de nouvelles fleurs, de nouveaux astres, de nouvelles chairs, de nouvelles langues. » C'est en tant que la production textuelle ne servirait qu'au profit, au bénéfice et à la glorification de celui qui s'en croit le créateur (« *Moi!* moi qui me suis dit *mage ou ange*, dispensé de toute morale, je suis rendu au sol, avec un devoir à chercher, et la réalité rugueuse à étreindre! Paysan! ») (nous soulignons), que Rimbaud lui dénie sa valeur. Que la condamnation puisse aussi porter sur le produit textuel n'est qu'une ambiguïté de plus à mettre au compte de l'idéologie. Car il est effectivement probable que dans la clôture historique du texte occidental, il ne soit pas possible d'échapper à ces effets textuels illusoires, que la production textuelle prise dans le miroir du texte occidental vienne à se réfléchir sans fin selon la même image idéologique, que l'emprise idéologique soit en définitive la plus forte et que la guerre portée contre l'obsession divine, la maladie paternelle, ne se termine en meurtre suicidaire. La tentation, du moins, ne peut en être qu'elle aussi obsessionnelle.

SCÈNES : DE LA PROFONDEUR À LA SURFACE, DE LA SURFACE À LA SCÈNE PLURIELLE

Le titre des *Illuminations,* emprunté à l'anglais, correspondrait au français *enluminure.* Le mot figure déjà dans *Alchimie du verbe* lorsque Rimbaud, pour rompre avec la rhétorique expressive de la littérature, semble vouloir puiser dans la masse textuelle disponible : « J'aimais les peintures idiotes, dessus de portes, décors, toiles de saltimbanques, enseignes, enluminures populaires. » Il est bien évident que les *Illuminations,* ces « painting plates » ou « coloured plates[20] » – gravure colorées –, évoquent en français l'idée de surface, de travail sur plaque, d'inscription, de trace, en opposition avec tout ce qui se rassemble autour de la notion de profondeur (à laquelle appartiennent le sens – le sens est toujours « profond » – l'expression, la représentation). D'autre part « coloured » ramène à la chaîne couleur-voyelle-voyant dont nous avons vu qu'elle signalait la nouveauté de la pratique de l'écriture que Rimbaud tentait d'opérer et la fonction de transformation du « monde » envisagé comme texte qu'il lui assignait. Il est donc particulièrement étonnant qu'on se soit si longuement interrogé sur ce que ces fragments *voulaient dire* et que l'on se soit efforcé avec un tel acharnement de les traduire,

---

20. C'est le sous-titre que, selon Verlaine, Rimbaud aurait donné à son recueil.

alors que c'est justement le vouloir dire qui se trouve suspendu (mais de la sorte interrogé dans sa nécessité et son sens) par une écriture qui à travers la langue cherche à saisir ses opérations propres et le mécanisme de production du texte. Le retrait du signifié (et avec lui c'est la pensée du signe dans sa dualité signifiant / signifié, du langage comme signe qui sont déséquilibrés) apparaît pourtant comme délibéré, systématique et explicite dans les *Illuminations* et leur donne ce caractère affirmé d'énigmes. Sans doute pourrait-on en donner une double explication. Soit qu'il se trouve *censuré* comme le signifié sexuel par exemple dans le discours social – mais l'on sait maintenant que cette censure joue un rôle déterminant dans la production du langage du rêve apparenté avec le mode de production de l'écriture, si bien que le signifié n'est que l'illusion d'un signifié qui ne se donne jamais comme tel (et le signifié sexuel censuré résulte bien du signifiant sexuel impensable) ; soit que le signifié se révèle toujours comme déplacé, reporté à l'horizon illimité du mouvement de l'écriture textuelle. De toute façon, le retrait du signifié apparaît comme la condition indispensable à l'écriture productrice et garant de son rôle actif, de sa possibilité de « changer le monde[21] ».

---

21. La littérature védique offre un exemple remarquable de la nécessité de soustraire le signifié du texte. Les hymnes védiques s'abstiennent souvent de nommer le dieu auquel ils sont consacrés, mais l'incluent dans la trame textuelle paragrammatique et font un usage fréquent de l'énigme.

Ce retrait du signifié est lisible dans les *Illuminations* sous différentes formes: par l'emploi de pronoms personnels et possessifs (anaphorisme systématique) qui ne se rapportent pas à des « figures », à des « personnages » explicites: « Des fleurs magiques bourdonnaient. Les talus *le* berçaient. Des bêtes d'une élégance fabuleuse circulaient. » (*Enfance*). « Se peut-il qu'Elle me fasse pardonner les ambitions continuellement écrasées, – qu'une fin aisée répare les âges d'indigence, – qu'un jour de succès nous endorme sur la honte de notre inhabileté fatale, » (*Angoisse*). « Le matin où avec Elle, vous vous débattîtes parmi les éclats de neige, ces lèvres vertes, les glaces, les drapeaux noirs et les rayons bleus, et les parfums pourpres du soleil des pôles, – ta force » (*Métropolitain*); par la présence de noms propres dans un contexte qui ne les spécifie pas: « Pour Hélène se conjurèrent les sèves ornementales » (*Fairy*), « Toutes les monstruosités violent les gestes atroces d'Hortense », voir aussi *Dévotion*; par l'absence du nom propre à la place où il devrait figurer: « Madame... établit un piano dans les Alpes »; par l'emploi d'entités qui sont susceptibles d'accueillir le texte non limité: *À une raison*, « un Être de Beauté »; *Génie*, « Sachons, cette nuit d'hiver, de cap en cap, du pôle tumultueux au château, de la foule à la plage, de regards en regards, forces et sentiments las, *le* héler et *le* voir, et *le* renvoyer, et sous les marées et au haut des déserts de neige, suivre *ses* vues, *ses* souffles, *son* corps, *son* jour. » (Nous soulignons.)

La tactique du retrait systématique d'un signifié qui, de toute façon, présent, n'aurait pu être qu'illusoire, c'est-à-dire déjà marqué par la différence avec l'[autre] signifié, donc comme signifiant de ce signifié, aboutit à signaler, à manifester la case vide, l'espace toujours reporté permettant les déplacements substitutifs d'éléments signifiants non finis. Le signifié *soustrait*, parce que soustrait, se met donc dans la position du signifiant manquant, lequel rend possible la mobilité et le surgissement indéfini des signifiants substitutifs, c'est-à-dire en définitive des axes mêmes qui constituent le langage : la métaphore et la métonymie – mais ceci dans la perspective d'une trans-métaphoricité provoquée par l'absence du signifié de comparaison, de la mesure de référence. Les *Illuminations* dans leur ensemble relèvent de ce mécanisme, mais on en verra un exemple particulièrement frappant dans la pièce intitulée « *H* ». Ce H renvoie à Hortense, qui renvoie à l'ensemble du texte qui renvoie à l'énigme : « Trouvez Hortense. » Autrement dit toute réponse qui a pour but de substituer un signifié au texte écrit ne peut être que partielle et inadéquate au texte lui-même et ne se présentera que comme un signifiant supplémentaire, signifiant de lecture qui se joue du lecteur.

Le suspens délibéré du signifié a donc pour premier effet un gain de lecture, transformant la lecture apprise en lecture active et lui faisant reprendre en direction contraire la voie prise par l'écriture (l'écriture apprend à lire ce que la lecture apprend à écrire, l'écriture reconnaît comme sa propre lecture ce que la lecture reconnaît comme sa propre écriture) – transformant la lecture somnambulique inconsciente du code qui la programme en une lecture se sachant productrice du texte qui la produit. Mais d'un autre point de vue le retrait du signifié est la conséquence du rapport entre l'écriture conçue comme pratique productrice et le texte général. La difficulté de lire les *Illuminations* n'est que la difficulté que nous éprouvons à penser le texte dans sa généralité. Lire les *Illuminations* c'est apprendre à déchiffrer le mouvement d'une écriture qui lit son propre mécanisme productif dans la production d'un texte produit par le texte qui la produit. Écriture descriptive dans la mesure où elle décrit ce qu'elle inscrit. Description d'un mouvement « inscriptif » et productif s'opposant évidemment à la description représentative – théologique (« Ici vous ne signaleriez les traces d'aucun monument de superstition. La morale et la langue sont réduites à leur plus simple expression ») – et à la mentalisation qui en est le corollaire (déjà dans *Une saison* : « vous qui aimez dans l'écrivain l'absence des facultés descriptives et instructives, je vous détache ces quelques hideux feuillets de mon carnet de damné. »). L'écriture active établissant en quelque sorte les coordonnées d'une géographie textuelle (*Ville et Villes* I et II) : « Sur quelques points des passerelles de cuivre, des plates-formes, des escaliers qui contournent les halles et les piliers, j'ai cru pouvoir juger la profondeur de la ville: c'est le prodige dont je n'ai pu me rendre compte: quels sont les niveaux des autres quartiers sur ou sous l'acropole? *Pour l'étranger de notre temps la reconnaissance est impossible.* » (Nous soulignons.)

De même la description effectuée par l'écriture qui décrit sa courbe à travers l'espace textuel (l'écriture décrit le lieu où elle s'inscrit) fait surgir le texte dans son volume, dans sa multidimensionnalité: elle conjugue et mêle les espaces et les temps, abolissant l'unité de temps et d'espace de notre logique. « L'aube d'or et la soirée frissonnante trouvent notre brick en large en face de cette villa et de ses dépendances, qui forment un promontoire aussi étendu que l'*Épire* et le *Péloponnèse*, ou que la grande île du *Japon*, ou que l'*Arabie*! Des fanums qu'éclaire la rentrée des théories, d'immenses vues de la défense des côtes modernes; des dunes illustrées de chaudes fleurs et de bacchanales; de grands canaux de Carthage et des Embankments d'une Venise louche; de molles éruptions d'Etnas et des crevasses de fleurs et d'eaux des glaciers; des lavoirs entourés de peupliers d'*Allemagne*; des talus de parcs singuliers penchant des têtes d'Arbres du *Japon*... » (Nous soulignons.) Et l'on peut saisir ici comment la circulation signifiante, le paragramme, ne cesse de travailler l'écriture textuelle: « Des dunes éclairées de chaudes fleurs et de bacchanales (canal); de grands *canaux* de Carthage et des

Embankments (ank inversion de cane) d'une Venise louche. » Canal étant inclus dans la matière signifiante (bacchanale) transféré et masqué dans son pluriel can-o = can = ank) associé à une ville détruite qui n'est plus qu'un nom, Carthage, et dissocié de son référent : Venise – en même temps que « embankment », mot étranger à la langue employée : le français, en créant un effet de redoublement avec des mots de cette langue (quais, banque, embarquement) fait apparaître la fonction d'extériorité du système relationnel du sens par rapport au travail signifiant. Il est évident que les matériaux qui servent à cette production, en particulier le travail anagrammatique sur la séquence, déséquilibrent et ébranlent les cadres rétablis du savoir représentatif.

L'écriture qui peut se décrire dans une action synthétisante, rassemblant dans une seule phrase (*Promontoire*) ou une séquence (*Soir historique*) les éléments textuels les plus éloignés pour nos coordonnées logiques, peut aussi se révéler en quelque sorte négativement par l'écart qui demeure entre des propositions syntaxiquement similaires qui semblent avoir une fonction programmatrice. Les énoncés proposés sont comme des prélèvements textuels qui, donnés à lire, *proposent* effectivement une voie d'écriture à frayer : « C'est elle, la petite morte, derrière les rosiers. – La jeune maman trépassée descend le perron – La calèche du cousin crie sur le sable – Le petit frère – (il est aux Indes !) là, devant le couchant, sur le pré d'œillets. – Les vieux qu'on a enterrés tout droits dans le rempart aux giroflées. » – « Au bois il y a un oiseau, son chant vous arrête et vous fait rougir. / Il y a une horloge qui ne sonne pas. / Il y a une fondrière avec un nid de bêtes blanches. / Il y a une cathédrale qui descend et un lac qui monte... » Il ne s'agit donc pas ici d'un impressionnisme lié à la juxtaposition de phénomènes sensibles représentés, mais d'un parcours à travers l'organisme intertextuel, d'un déplacement instantané d'un point à un autre du texte général, ou de prélèvements faits en des points éloignés sur un champ qui doit avoir la plus grande extension possible. L'apparition du texte général réclame un trajet à travers les couches superposées du texte accumulé, la rapidité de l'écriture comme dynamisme même de la mémoire, en tant qu'elle est déjà empreinte, traces actives, écriture : « Et nous nous le rappelons et il voyage... [...] Ô ses souffles, ses têtes, ses courses ; la terrible célérité de la perfection des formes et de l'action [...] Son pas ! les migrations plus énormes que les anciennes invasions » est-il écrit dans *Génie*, fragment qui introduit d'une façon particulièrement nette à la nouvelle économie textuelle provoquée par la chute du christianisme et par l'abolition consécutive du sujet hors-texte. Et de même dans *Jeunesse* IV : « Tu en es encore à la tentation d'Antoine ! [à la tentation du salut dans la perspective d'un sujet qui croit pouvoir se saisir comme "nature" – sujet métaphysique, et comme "caractère" – sujet psychologique.] L'ébat du zèle écourté, les tics d'orgueil puéril, l'affaissement et l'effroi. / Mais tu te mettras à ce travail : toutes les possibilités harmoniques et architecturales s'émouvront autour de ton siège. Des êtres parfaits, imprévus, s'offriront à tes expériences. Dans tes environs affluera rêveusement la curiosité d'anciennes foules et de luxes oisifs. Ta mémoire et tes sens ne seront que la nourriture de ton impulsion créatrice. Quant au monde, quand tu sortiras, que sera-t-il devenu ? En tout cas, rien des apparences actuelles. » Le texte en recouvrant et en effaçant le sujet parlant et sa limitation expressive est en mesure d'énoncer toutes les fonctions, toutes les positions, toutes les situations du « sujet textuel » – en les présentant pour ce qu'ils sont, des fragments textuels isolés – en retournant contre elle-même la métaphysique intérieure à la langue : « Je suis le saint, en prière sur la terrasse... / Je suis le savant au fauteuil sombre... / Je suis le piéton de la grand'route par les bois nains... » et en rétablissant comme texte les virtualités posées par la langue : « Je serais bien l'enfant abandonné sur la jetée partie à la haute-mer... »

Le rassemblement et le prélèvement des fragments textuels fait donc apparaître l'extériorité radicale de celui qui pouvait se croire origine, maître du texte, mais qui n'en est plus que la désignation (« Jeunesse de cet être-ci ; moi ! », *Angoisse*) – sa détermination par le texte général socio-économique mais donc aussi par le code qui lui permet de le lire. « La même magie bourgeoise à tous les points où la malle nous déposera! Le plus élémentaire physicien sent qu'il n'est plus possible de se soumettre à cette atmosphère personnelle, brume de remords physiques dont la constatation est déjà une affliction. » (*Soir historique*) Le texte devenu sujet est donc en mesure de se traverser, de « s'involuer », de se produire par une reproduction, d'être la nouveauté absolue d'un ancien parcours : « Dans un grenier où je fus enfermé à douze ans j'ai connu le monde, j'ai illustré la comédie humaine. Dans un cellier j'ai appris l'histoire. À quelque fête de nuit dans une cité du Nord, j'ai rencontré toutes les femmes des anciens peintres. Dans un vieux passage à Paris on m'a enseigné les sciences classiques. Dans une magnifique demeure cernée par l'Orient entier j'ai accompli mon immense œuvre et passé mon illustre retraite. J'ai brassé mon sang. Mon devoir m'est remis. Il ne faut même plus songer à cela. *Je suis réellement d'outre-tombe*, et pas de commissions. » (Nous soulignons.) Ce que les *Illuminations* donnent à lire c'est donc aussi « la terrible célérité » de l'écriture textuelle, une accélération sémantique telle que le sens qui tient à la fixation de la représentation, à un certain temps d'accommodation, à une durée, est doublé, déporté, brouillé par une vitesse, qui fait franchir la ligne pour ouvrir le volume. Lecture et écriture peuvent se comparer à un voyage. La rapidité du déplacement sur la voie, sur la ligne, en ôtant la possibilité d'une reconnaissance (organisation représentative) mais par l'accumulation, le heurt, l'interpénétration des données signifiantes (par exemple, dans *Veillées* : « Les lampes et les tapis de la veillée font le bruit des vagues, la nuit, le long de la coque et autour du steerage. / La *mer* de la veillée, telle que les *seins* d'Amélie. / Les *t*apisseries, jusqu'à mi-hau*t*eur, des *t*aillis de den*t*elle, *t*ein*t*e d'émeraude, où se je*t*tent les *t*our*t*erelles de la veillée. » Les exemples d'un tel travail sont innombrables dans les *Illuminations*), transforment la dimension linéaire en volume textuel. Au *sens* d'un parcours fait place l'étendue de plages textuelles simultanées, (cf. aussi *Après le déluge*, et dans *Métropolitain* : « Lève la tête : ce pont de bois, arqué ; les derniers potagers de Samarie ; ces masques enluminés sous la lanterne fouettée par la nuit froide ; l'ondine niaise à la robe bruyante, au bas de la rivière ; les crânes lumineux dans les plans de pois – et les autres fantasmagories – la campagne. » Et dans ce texte, la conclusion de chaque séquence « – La ville ! / – La bataille ! / – la campagne. / – le ciel. / – ta force ». À la différence de l'activité représentative qui fixe et immobilise, tente de s'emparer et de retenir comme un capital la masse mouvante du texte, l'activité textuelle se définit par un mouvement, une altération et une altérité perpétuelle : ce qui e̶s̶t̶ ici, e̶s̶t̶ là ; qui ce e̶s̶t̶ ceci, e̶s̶t̶ cela – « Moins haut, sont des égouts. Aux côtés, rien que l'épaisseur du globe. Peut-être les gouffres d'azur, des puits de feu. C'est peut-être sur ces plans que se rencontrent lunes et comètes, mers et fables. »

Ainsi le texte va-t-il se donner comme *pluralité* et il faut entendre ici non seulement la multiplicité, la diversité de la production, non seulement le texte comme textes, mais surtout la destruction de l'unité, du I comme modèle de référence de la production textuelle[22]. D'où l'importance des titres au pluriel (*Vies – Scènes – Phrases – Villes – Veillées*), mais aussi la référence constante de Rimbaud à l'*harmonie*. Car l'harmonie évoquant la différence dans la ressemblance se présente comme l'espace intermédiaire (« Des deux extrémités de la salle, décors quelconques, des élévations harmoniques se joignent »), l'intervalle, l'élément blanc qui établit la connexion, d'une part entre les unités non relationnelles (phrases, séquences) qui ne sont mises en relation que par la continuité linéaire du discours, d'autre part avec l'autre texte, la sédimentation textuelle dont ce texte-ci forme la surface qui renvoie à son volume. « Exilé ici, j'ai eu une scène où jouer les chefs-d'œuvre dramatiques de toutes les littératures. Je vous indiquerais les richesses inouïes. J'observe l'histoire des trésors que vous trouvâtes. Je vois la suite! Ma sagesse est aussi dédaignée que le chaos. Qu'est mon *néant*, auprès de la stupeur qui vous attend? » (Nous soulignons.) Cette scène plurielle remplace le théâtre représentatif où se joue la comédie illusoire du signe – qui n'est que le système

---

22. Voir Julia Kristeva, « Pour une sémiologie des Paragrammes », in *Tel Quel* n° 29 et *Baktine, le mot, le dialogue et le roman*.

par lequel les acteurs, maîtres du texte et chargés de l'interpréter (« Ils interpréteraient des pièces nouvelles... » *Parade*), « ont exploité vos mondes » – système des représentations institutionnelles et religieuses, comédie des simulacres (cérémonies religieuses, militaires, justice), arme de l'idéologie dominante que décrit *Démocratie* : « Aux centres nous alimenterons la plus cynique prostitution. Nous massacrerons les révoltes logiques. / Aux pays poivrés et détrempés ! – au service des plus monstrueuses exploitations industrielles ou militaires ». Mais le texte qui dit « Je » a « seul la clef de cette parade sauvage » ; seule l'action textuelle est susceptible de transformer la comédie représentative en parade, la privant de son instrument, le signe, établissant de la sorte le transfert du théâtre lieu de la représentation, à la scène – qui est son propre lieu productif. Ainsi à la scène singulière du théâtre représentatif consacrée à la répétition de la comédie parlante, déjà écrite, passée (« Assez vu. La vision s'est rencontrée à tous les airs. / Assez eu. Rumeurs des villes, le soir, et au soleil, et toujours. / Assez connu. Les arrêts de la vie. – Ô Rumeurs et Visions ! / Départ dans l'affection et le bruit neufs ! »), Rimbaud oppose la pluralité des scènes dont le lieu changeant – « les voix instructives exilées » – est dessiné, animé, ouvert par le mouvement productif du geste, du souffle qui « ouvre des brèches opéradiques dans les cloisons », de la danse (« ... Mais à présent, ce labeur comblé ; toi, tes calculs, / – toi, tes impatiences

– ne sont plus que votre danse et / votre voix, *non fixées et point forcées...* ») (nous soulignons), par la force et l'amour (dépense textuelle) : « Je suis un inventeur bien autrement méritant que tous ceux qui m'ont précédé ; un musicien même, qui ai trouvé quelque chose comme la clef de l'amour. » – « Il est l'amour, mesure parfaite et réinventée, raison merveilleuse et imprévue, et l'éternité : machine aimée des qualités fatales. » Par la guerre « de logique imprévue » que la trace écrivante mène contre la fixité du signe (« les voix reconstituées ; l'éveil fraternel de toutes les énergies chorales et orchestrales et leurs applications instantanées ; l'occasion, unique, de dégager nos sens. ») L'espace scénique annule la division du sujet et de l'action, de la scène et de la salle, de l'acteur et du spectateur, mais se démultiplie et fait de chaque spectateur un acteur, de la salle une scène et reporte la division de l'ensemble dans chaque élément, permettant le passage et la substitution de l'un à l'autre, construisant de la sorte un espace productif renouvelé. La scène est la salle, la salle est la scène, la division ne passe pas entre elles mais se reproduit à l'intérieur de chacune d'elles (système écriture / lecture où chacune se trouve mise dans la position de l'autre) : « L'opéra-comique se divise sur une scène à l'arête d'intersection de dix cloisons dressées de la galerie aux feux. » Ainsi faut-il définir l'espace producteur comme *transcénique*, établissant comme scène mais ne l'y réduisant jamais, chacune de ses positions spatiales, chacune de « ses séquences », se portant des unes aux autres, établissant des transferts et ne s'y fixant pas[23] (« Des scènes lyriques accompagnées de flûte et de tambour s'inclinent dans des réduits ménagés sous les plafonds, autour des salons de clubs modernes ou des salles de l'Orient ancien. »). La scène indique donc la mise en action du texte, le lieu où les fragments textuels déposés se trouvent rapprochés et placés en position de jouer et d'être joués. La scène relève du caractère fondamental de la production scripturale qui fait que tout texte est « le produit d'un autre qu'il produit » (Sollers), que toute production fait donc appel à et suppose une intertextualité, que tout texte est donc une mise en jeu, en scène, d'un autre (des autres) texte(s)[24]. L'espace transcénique, totalisateur mais non homogène, infini (la numération des scènes n'est jamais achevée) répond à l'espace translinguistique dont l'écriture constitue un « prélèvement » (Sollers).

Le texte en se produisant par, à travers, dans, par rapport à la voie ouverte par l'écriture, désigne à la fois son mouvement de production et son lieu : « Car

---

23. Voir par exemple dans Granet, *La Pensée chinoise* : « L'infinie variété des espaces et des temps multiplie ces échanges. »

24. On se référera ici à tout ce que Freud dit aussi de l'*autre scène* du rêve – du langage du rêve dont il montre bien comment il se constitue à travers les multiples prélèvements textuels par un travail, une élaboration en laquelle se reconnaît le travail même à l'œuvre dans la pratique scripturale – voir dans *L'interprétation des rêves* en particulier le chapitre V : « Le matériel et les sources du rêve » et le chapitre VI : « Le travail du rêve ».

de la causerie parmi les appareils, – le sang, les fleurs, le feu, les bijoux – / Des comptes agités à ce bord fuyard, / – On voit, roulant comme une digue au-delà de la route hydraulique motrice, / Monstrueux, s'éclairant sans fin, – leur stock d'études ; – / Eux chassés dans l'extase harmonique / Et l'héroïsme de la découverte. » (*Mouvement*) Toutes les allusions à l'enfance, à la jeunesse, toute la géographie textuelle proposée par *Villes* (« Quels bons bras, quelle belle heure me rendront cette *région* d'où viennent mes sommeils et mes moindres mouvements ? ») (nous soulignons), tout ce qui concerne l'avenir et le « travail nouveau », se concentrent sur le travail textuel au présent (« Il est l'affection et le présent... Il est l'affection et l'avenir... ») sur ce passage et cette lecture, sur cette opération agissante, déployant un lieu de transformation incessant : « – Sourds, étang, – Écume, roule sur le pont et par-dessus les bois ; – draps noirs et orgues, – éclairs et tonnerre ; – montez et roulez ; – Eaux et tristesses, montez et relevez les Déluges. » Mais « l'enfance » est ici exemplaire de ce travail d'échange, de permutation des différents niveaux du réseau textuel. L'enfance (entendue métaphoriquement) apparaît le lieu privilégié où se manifeste une activité textuelle non réglementée par la logique du sens, et c'est pourquoi on a pu la confondre, en la soumettant au système représentatif, avec la liberté de l'imagination. Mais cette activité, chez Rimbaud, loin de relever de l'imagination, c'est-à-dire d'être instrument d'expression de représentations imaginaires, se définit d'abord comme un travail paragrammatique, de mise en réseau (par signifiant phonique, rythmique, etc.), une machine à produire des énoncés qui peuvent à la rigueur apparaître comme programme bref proposé à l'imagination, mais qui en tant que tels résistent à toute construction représentative qu'elle soit d'ordre référentiel (ordre du logico-réel) ou mental (imaginaire). Dans le *Conte*, que l'on peut considérer comme le mode propre à l'écriture de l'« enfant », est affirmé un ordre inhérent à la lettre, au signifiant ou à la langue irréductible à l'ordre de la pensée causale. Le conte a pour fonction de marquer un écart entre les possibilités infinies du « paragramme poétique » (Kristeva) et la « réalité » telle qu'elle se donne dans notre système logico-métaphysique (principe de l'identité, du tiers exclu, cause, etc.) et c'est la raison pour laquelle on a pu voir en lui la satisfaction substitutive du principe du plaisir contredit par le « principe de réalité ». Il est bien certain que Rimbaud use dans les *Illuminations*, d'une façon avouée, de ces possibilités qui au niveau scriptural sont non contradictoires et qu'il en accuse la non-conformité avec la logique admise afin de faire apparaître justement en pleine clarté la production de l'écriture active: « Toutes les femmes qui l'avaient connu furent assassinées. Quel saccage du jardin de la beauté! Sous le sabre, elles le bénirent. Il n'en commanda point de nouvelles. – Les femmes réapparurent. / Il tua tous ceux qui le suivaient, après la chasse ou les libations. – Tous le suivaient. / Il s'amusa à égorger les bêtes de luxe. Il fit flamber les palais. Il se ruait sur les gens et les taillait en pièces. – La foule, les toits d'or, les belles bêtes existaient encore. » (*Conte*). Et de même dans *Enfance* : « C'est elle, la petite morte, derrière les rosiers. – La jeune maman trépassée descend le perron… etc. » C'est donc bien l'ordre scriptural que Rimbaud ne cesse de convoquer, de montrer et d'étudier, d'expérimenter dans les *Illuminations* et qu'il fait jouer contre la fonction instrumentale du langage et la logique représentative que celle-ci cherche à réprimer, à abattre (« Aux centres nous alimenterons la plus cynique prostitution. Nous massacrerons les révoltes logiques », *Démocratie*). Il y a dans les *Illuminations* la rencontre d'un lieu – lieu de l'écriture comme espace symbolique (que nous pouvons faire comprendre en posant par exemple la question : « où se passent les mathématiques ? ») et des énoncés, des fragments textuels, rencontre qui donne à lire le caractère non représentatif, mais producteur et transformant, de l'écriture textuelle.

La pratique scripturale inaugurée par les *Illuminations* concourt donc à l'élaboration d'une *nouvelle science textuelle* condamnée à une lutte finale avec la science logocentrique qui, ne pouvant les récupérer, cherche à se débarrasser *à n'importe quel prix* de ses produits : « À vendre les applications de calcul et les sauts d'harmonie inouïs. Les trouvailles et les termes non soupçonnés, possession immédiate » (*Solde*). Guerre entre la science textuelle, matérialiste, que les mathématiques – science « du nombre et de l'harmonie » – font présager (« Cet avenir sera matérialiste, vous le voyez. – Toujours pleins du *Nombre* et de l'*Harmonie*, ces poèmes seront faits pour rester », Lettre à Demeny.) [C'est Rimbaud qui souligne] – et la science idéaliste dont le texte représentatif, la « littérature », est un effet. « À présent l'inflexion éternelle des moments et l'infini des mathématiques me chassent par ce monde où je subis tous les succès civils, respecté de l'enfance étrange et des affections énormes. – Je songe à une Guerre, *de droit ou de force*, de logique bien imprévue », (*Guerre*) – « ... Mais à présent, ce labeur comblé ; toi, tes calculs, / – toi, tes impatiences – ne sont plus que *votre danse et / votre voix*, non fixées et point forcées, quoique d'un double / événement d'invention et de succès + une raison[25], / – en l'humanité fraternelle et discrète par *l'univers / sans images* ; – la force et le droit réfléchissent la / danse et la voix à présent seulement appréciées. », (*Jeunesse* II *Sonnet*) (nous soulignons).

---

25. Et dans le fragment intitulé *À une raison* (qu'on pourrait lire aussi comme Ponge réson [résonnement]) : « Un coup de ton doigt sur le tambour décharge tous les sons et commence la nouvelle harmonie. / Un pas de toi c'est la levée des nouveaux hommes et leur en-marche... »

Guerre donc entre une pratique et une science révolutionnaire, entre une théorie révolutionnaire du texte, entre la théorie du texte révolutionnaire et toutes les forces qui cherchent à retenir, à défendre, à capitaliser (telle cette « démocratie » bourgeoise[26] qui proclame : « Nous massacrerons les révoltes logiques »).

Reprenons : « La même magie bourgeoise à tous les points où la malle nous déposera ! Le plus élémentaire physicien sent qu'il n'est plus possible de se soumettre à cette atmosphère personnelle, brume de remords physiques, dont la constatation est déjà une affliction. »

« Non ! – Le moment de l'étuve, des mers enlevées, des embrasements souterrains, de la planète emportée, et des exterminations conséquentes, *certitudes si peu malignement indiquées dans la Bible et par les Nornes et qu'il sera donné à l'être sérieux de surveiller. – Cependant ce ne sera point un effet de légende !* » (Nous soulignons.)

Et encore : « Reprenons l'étude au bruit de l'œuvre dévorante qui se rassemble et remonte dans les masses. »

Mai-juin 1968.

---

26. Le texte *Démocratie* est entièrement inclus dans des guillemets ; – c'est bien le prélèvement textuel du bourgeois : « ... nous aurons la philosophie féroce ; ignorants pour la science, roués pour le confort ; la crevaison pour le monde qui va. »

ENTRETIEN

JEAN-LOUIS BAUDRY / LAURENT ZIMMERMANN

Laurent Zimmermann: La base de votre lecture de Rimbaud, dans *Le texte de Rimbaud*, est l'idée qu'avec ce texte que vous analysez quelque chose se produit qui tend à échapper à l'emprise du sens, qui déploie une stratégie permettant d'échapper à cette emprise. La domination du sens, et l'asservissement à l'ordre de la représentation sont, montrez-vous, résolument combattus par Rimbaud, au profit de « l'infini textuel » qui ne représente plus le réel mais qui se trouve produit comme étant lui-même le réel. Il y a là un tableau très clairement en place tout au long de votre article, sur lequel il importe peut-être de revenir pour commencer, dans son double versant théorique et d'application à Rimbaud. Quelle était exactement pour vous cette idée de texte et d'infini textuel déployée dans votre analyse? En quoi, d'autre part, vous apparaissait-il immédiatement évident, ou en tout cas si fortement vrai, que les textes de Rimbaud, à partir d'un certain moment du moins, s'inscrivaient dans cette logique d'abrasion du sens et de contestation de la représentation?

Jean-Louis Baudry: La question que vous me posez est celle qui s'est imposée à moi quand j'ai redécouvert après bien des années cette étude. J'ai songé aux transformations insensibles qui affectent notre corps tout autant que notre pensée et nous éloignent des images que nous avons laissées de nous sur le papier photographique et dans les lignes que nous avons écrites. Il ne m'est pas plus donné de revêtir de chair les effigies du passé que de réintroduire la pensée d'aujourd'hui dans celle d'alors, que je peux tout juste deviner dans les souvenirs qui me restent des événements de ma vie, de mes lectures, de mes rencontres et de mon travail.

Ce que vous signalez comme une sensibilité à « la domination du sens » et à « l'asservissement à l'ordre de la représentation » a dû naître de l'irritation que j'éprouvais dès l'enfance en constatant la confusion (que je ne relevais pas seulement sur les personnes de mon entourage) entre les paroles, les choses dites, et les choses qu'elles supposaient ; ou, si vous voulez, entre le langage et la réalité qu'il exprimait. Déjà, j'avais l'idée qu'on ne prenait pas seulement le mot pour la chose mais qu'on ne disposait véritablement que du mot. C'est ainsi que désireux de certitudes, d'un fondement assuré (n'ayant pas fait d'études de philosophie, c'est en autodidacte naïf que j'avais lu Descartes, Kant et Husserl), je devais, sans me le formuler explicitement, prendre une position critique à la manière kantienne et tenir pour avéré que nous ne connaissons du monde que ce que nous en disons, que ce que le langage en disait et nous permettait d'en appréhender.

La confusion dont je parle m'apparaissait tout à fait marquée dans la façon dont les romanciers par exemple évoquaient les personnages, prenaient des noms, des mots, pour des personnes et des actions. Dans les romans que j'ai écrits alors, *Personnes* en 1967, *La « Création »* en 71, qu'on pourrait définir à l'exemple de la peinture comme non-objectifs, je m'efforçais de dénoncer cette illusion.

« L'asservissement à l'ordre de la représentation » devait bien résulter de la confusion entre la chose et les mots qui la disent. La crédulité qu'elle comporte nous rend ignorants des significations qui nous traversent et que nous relayons. Au nombre des expériences qui m'amenaient à exprimer de telles pensées je compte l'interprétation des rêves à laquelle je me suis livré systématiquement pendant et après une psychanalyse. Après avoir lu Freud, je faisais l'expérience de l'emprise du langage sur notre être et je ne pouvais plus douter que le destin d'Œdipe avait pris forme dans les mots de l'oracle. L'idée de traces et d'inscriptions dominait ma pensée. Tout ce que nous avions vécu, déposé sous forme de traces, pouvait faire retour dans des réaménagements créateurs de significations inédites et l'histoire n'était pas concevable hors des inscriptions laissées par les événements innombrables qui s'étaient succédés au cours des temps.

On peut imaginer alors qu'à partir d'une telle position, il ne semble pas tout à fait exagéré d'admettre que si tout n'est pas fait pour aboutir à un livre tout ce que du monde nous avons connu, appris, continuons de vivre et de supposer, peut du moins apparaître homologue à un texte qui ne cesserait pas de s'écrire. Position extrême, qui me paraît désormais intenable, mais que je peux à la rigueur comprendre et qu'alors j'essayais de tenir et d'autant plus que j'abordais l'œuvre de Rimbaud.

Il ne m'est pas possible de répondre à la seconde partie de votre question sans remonter à mes premières lectures de Rimbaud vers onze et douze ans, les premiers poèmes que j'ai le désir d'apprendre (*Ophélie, Sensation, Le Dormeur du Val*) après avoir entendu ma sœur les réciter. L'explication lumineuse en classe de quatrième des *Effarés* par un professeur qui deviendra par la suite comédien. À quinze ou seize ans, je continue de lire Rimbaud dans l'édition du Mercure (je ne suis pas sûr qu'à l'époque de la guerre ou dans l'immédiat après-guerre il en existe d'autres) préfacée par Claudel, d'autant plus fixé à la lecture des poèmes, des proses auxquels je reviens sans cesse que, si c'est à leur musique, j'imagine, que je dois l'émotion que j'en reçois, leur sens ne m'est guère pénétrable. Si j'entends beaucoup parler de Verlaine et de Rimbaud par un ami de mon père, tout ce que j'apprends des désordres de leur vie aventureuse en Belgique et à Londres, ne m'explique pas mon émotion ni ne me rend plus clair le sens de la poésie qui la cause. Je prends connaissance, un peu plus tard, de deux interprétations de *Matinée d'ivresse*, l'une affirmant que le poème rend compte de la première expérience érotique du poète et l'autre de sa première rencontre avec la drogue. Il ne vaut pas la peine de les opposer puisque ni l'une ni l'autre n'explique l'effet que le texte du poème, qui leur échappe d'ailleurs, continue de produire. Un peu plus tard, toujours poussé par le désir de comprendre un peu mieux, je lis *Rimbaud le voyant* de Rolland de Renéville dont la thèse m'apparaît extravagante. C'est ainsi que je suis amené à reconnaître que le texte n'est jamais réductible à ce qu'on en dit, que le pouvoir qu'il continue d'avoir, comparable à celui de la musique, est indépendant et indifférent à des explications le plus souvent associées d'ailleurs aux péripéties de la vie de Rimbaud. On dirait que les poèmes, leur obscurité, la puissance qu'ils ont de provoquer en nous d'innombrables vagues d'associations, surmontent tout ce qu'on en dit. Il devait m'apparaître alors que les obscurités n'étaient si vivement ressenties et combattues que dans la mesure où l'on n'était pas capable d'imaginer et d'adopter dans la lecture une position symétrique de celle de Rimbaud écrivant.

Ce cheminement, comme vous le voyez, n'avait rien de théorique. Sans doute la notion de texte dut répondre plus tard à la tentative d'adopter une telle position et de sauvegarder les pouvoirs d'une opération poétique qui devait si peu à des références biographiques.

L. Z. : Votre texte fait appel, ceci étant, à une certaine histoire littéraire, celle que se sont donnée les avant-gardes, puisque vous citez à côté du nom de Rimbaud ceux de Mallarmé ou de Lautréamont. On peut donc se demander quelle était la place de l'œuvre de Rimbaud, pour vous, dans le champ poétique ou même, au-delà, dans le champ littéraire. Rimbaud vous apparaissait-il comme absolument singulier, ou au contraire, au moment où vous écriviez votre texte, faisait-il surtout partie de cette configuration que vous évoquez, et à laquelle du reste il serait peut-être possible d'ajouter d'autres noms ?

J.-L. B. : Pour connaître le champ qui était le nôtre entre la décade de Cerisy organisée par *Tel Quel* en septembre 63 sur le thème *Une Littérature nouvelle* et le printemps 68 durant lequel, entre d'autres événements qui occupaient une partie de mes nuits, j'écrivis *Le texte de Rimbaud,* on peut se reporter aux sommaires de *Tel Quel* et à l'*Histoire de Tel Quel* de Philippe Forest. Mallarmé avait été introduit à *Tel Quel* par la publication d'un texte de Louis Jourdain *Complément à la prose pour des Esseintes* (*Tel Quel*, n° 4 et 5) dont l'auteur nous avait auparavant fait, je crois, la lecture chez lui au cours de deux soirées. Par la suite, plus que la poésie proprement dite que j'avais pour ma part beaucoup lue antérieurement, nous lisions surtout les textes en prose *Crayonné au théâtre, la Musique et les Lettres.* Marcelin Pleynet publia *Lautréamont par lui-même* dans la collection des « Écrivains de toujours » et Philippe Sollers écrivit quelques mois plus tard *La science de Lautréamont* qui parut dans *Critique.*

Si le premier recueil de Pleynet *Provisoires Amants des Nègres*, et déjà par son titre, marquait la volonté d'une continuité avec le poète d'*Une saison en enfer*, il n'est presque plus jamais par la suite fait référence à l'œuvre de Rimbaud. Lorsque Pleynet en juin 67 dans *Les Lettres françaises* définit « la position d'une pensée qui fait l'expérience des limites », il évoque Marx, Freud (dont j'ai moi-même introduit la pensée à *Tel Quel*), Mallarmé, Lautréamont, mais ce n'est probablement pas un hasard si Rimbaud est absent de la liste. À cette époque, mais peut-être me trompé-je, je crois que l'évocation de Rimbaud fait de l'ombre à la position « littéraire », symbolique et bibliographique de Lautréamont. Il suffit de consulter l'*Histoire de Tel Quel* de Philippe Forest pour constater que « l'oubli » de Rimbaud se poursuit durant toutes ces années. Dans notre inconscient collectif, il semble que l'association habituelle Rimbaud/Lautréamont se soit retournée en : Lautréamont contre Rimbaud. Notre mouvement ne se distingue pas d'ailleurs des autres avant-gardes qui pratiquent cette hygiène nécessaire à leur survie : l'exclusive et l'exclusion. C'est pourquoi avec cette étude, je parais m'opposer à un engouement partagé, je brise un silence qu'il convenait d'accepter, que je trouve injuste, qu'il serait lâche à mon sens de prolonger. Mais, de plus, je prends un autre risque que je n'évalue pas bien et, en présentant Rimbaud dans des termes et selon une orientation de pensée qui ont pu servir pour Lautréamont – accent mis sur la notion de texte et évacuation de la subjectivité biographique de l'auteur – je m'expose à une critique peut-être justifiée. De Lautréamont on ne connaît à peu près que l'œuvre, alors que de Rimbaud on ne veut d'abord retenir que la vie.

L. Z. : Oui, cette question de la biographie pour lire Rimbaud est décisive. Du reste, par rapport à d'autres références possibles de l'avant-garde, Rimbaud semble dans votre texte avoir sur ce point un statut particulier, comme si son œuvre était d'une certaine manière hybride, répondant en partie à la prise textuelle, et en partie n'y répondant pas. Mais tournons-nous également, dans un certain écho à cette question, vers une autre particularité de l'œuvre rimbaldienne à laquelle votre texte rend attentif, la différence entre *Une saison en enfer* et les *Illuminations*. *Le texte de Rimbaud* semble montrer qu'il y a d'un côté un affrontement aux impasses, « la relation de toutes les tentatives faites pour échapper à l'espace clos de la pensée et de l'idéologie occidentales », et de l'autre la vraie réalisation de ce que proposait Rimbaud. Pourriez-vous revenir sur cette scission très forte entre *Une saison en enfer* et les *Illuminations*?

J.-L. B. : Vous soulevez fort justement la question qui n'a cessé de me poursuivre tout au long de ma relecture. Fallait-il donc se passer, comme j'avais tenté de le faire, de la référence biographique? N'aurais-je pas dû, moi aussi, en appeler aux aléas de la vie de Rimbaud, au moins comme à une des données essentielles de la scission que je soulignais entre *Une saison en enfer* et les *Illuminations*? Il n'est peut-être pas inutile pour éclairer notre propos de citer quelques lignes de mon étude auxquelles vous avez semblé faire allusion : « De plus en plus ce qui s'écrit, ce n'est plus l'expression d'un sujet s'exprimant par le moyen d'une langue, mais l'histoire d'un texte, d'une production textuelle qui comprend le sujet qui s'en croyait l'auteur comme son propre effet. Pour biographique qu'elle soit encore, cette réécriture devient histoire de sa propre graphie; elle transforme le texte biographique en biographie de l'écriture, en histoire du texte s'écrivant, en *autographie*. »

Il faut peut-être indiquer que je rattachais les poésies qui se présentent selon les éditions sous le titre *Vers nouveaux* ou *Vers nouveaux et Chansons* ou encore *Derniers Vers*, parmi lesquels il faut citer

Mémoire, *Michel et Christine*, *Honte*, au nouvel espace poétique dont les *Illuminations* sont l'aboutissement. Je soulignais aussi que la distinction qu'il convenait d'opérer, la scission comme vous dites, entre *Une saison en enfer* et les *Illuminations* ne dépendait pas en tout cas de la date de leur rédaction, puisque les pièces composant les *Illuminations* furent probablement écrites avant et après *Une saison en enfer*.

Pour éclairer mais aussi pour définir plus simplement le fond de l'opposition que j'avais autrefois marquée, j'insisterais davantage maintenant sur les lettres à Izambard et à Demeny en raison de la nouvelle pratique poétique, de l'invention d'une langue nouvelle, de l'avenir poétique qu'elles annoncent (« … il [le poète] devra faire sentir, palper, écouter ses inventions ; si ce qu'il rapporte de *là-bas* a forme, il donne forme ; si c'est informe, il donne de l'informe. Trouver une langue »). Si on prête attention aux données implicites de la lettre à Demeny, on perçoit que s'ébauche une différenciation entre l'œuvre, l'invention poétique, la nouvelle langue, et celui qui pour être capable de la produire, de l'inventer, doit agir sur lui-même, et pour se transformer en « horrible travailleur » d'abord se connaître (« La première étude de l'homme qui veut être poète est sa propre connaissance, entière ; il cherche son âme, il l'inspecte, il la tente, l'apprend. Dès qu'il la sait, il doit la cultiver »). D'un côté, « l'inconnu », la nouvelle langue « résumant tout, parfums, sons, couleurs » ; de l'autre, celui qui pour y parvenir est devenu « le grand malade, le grand criminel, le grand maudit, – et le suprême Savant ! »

C'est ainsi que l'on discerne déjà le programme d'une double entreprise, le travail sur les mots, le travail poétique, et le travail sur celui qui en est la source et veut se connaître. Rimbaud semble faire allusion à ce partage lorsque dans *Alchimie du verbe* il prend soin de distinguer deux aspects de l'hallucination : « Je m'habituai à l'hallucination simple : très franchement je voyais une mosquée à la place d'une usine [...]. Puis j'expliquai mes sophismes magiques avec l'hallucination des mots ! » On serait donc en droit de considérer les *Illuminations* comme l'ensemble des poèmes en prose en lesquels s'accomplit la nouvelle pratique poétique, se laisse lire et s'expose la nouvelle langue, tandis que *Une saison en enfer* raconte l'histoire de celui qui pour y parvenir appela les fléaux, se sécha à l'air du crime, joua de bons tours à la folie, mais aussi écrivit des silences, des nuits, nota l'inexprimable, fixa des vertiges.

Cependant encore, si l'on regarde de plus près, on perçoit que dans *Une saison en enfer* se superposent deux dimensions de l'histoire. La première propose dans la multiplicité des figures qui se sont succédé dans le temps, une histoire générale. Lisible dans *Mauvais Sang*, c'est à elle que j'accordai toute mon attention. L'autre, que je négligeai, est l'histoire singulière de celui qui s'était voulu voleur de feu, l'histoire de celui qui écrivit les *Vers nouveaux* et les *Illuminations*. Il m'apparaît bien maintenant que cette autre histoire, lisible dans *Délires I* et *II*, on n'en pouvait mener l'analyse sans en appeler à la biographie, à ce qu'on sait de l'existence de Rimbaud durant ces années. C'est pourquoi aussi cette histoire qu'alors je disais être « l'histoire d'un texte, d'une production textuelle qui comprend le sujet qui s'en croyait l'auteur comme son propre effet », on pourrait aussi la ranger parmi les *Confessions*. Elles rappellent d'ailleurs moins celles de Rousseau que, par leur contenu et leur adresse, par l'intensité des mouvements subjectifs, par le rythme haletant de la respiration, par le sentiment des abîmes côtoyés, par l'appel à une conversion, par une pensée du temps qui traverse l'ensemble narratif, celles d'Augustin.

L. Z. : Ce que vous soulignez est tout à fait décisif. Et une autre question se pose, avec cette distinction des deux plus grandes entreprises rimbaldiennes. La dimension historique, celle donc que mobilise *Une saison en enfer*, induit naturellement une distinction des textes les uns par rapport aux autres, puisqu'ils constituent les différentes étapes d'une histoire (avec les événements, les espoirs, les doutes, les croyances, etc., que chaque étape implique). Mais qu'en est-il des textes qui mettent en place la « nouvelle pratique poétique » ? Comment est-il possible de les penser non pas seulement dans le mouvement général de l'analyse textuelle, mais à chaque fois dans leur singularité? Comment penser la différence entre *Les Ponts* et *Métropolitain* ou *Dévotion* ou encore les extraordinaires *Michel et Christine* ou *Mémoire*? Devant la déroute de « l'activité représentative », comment la singularité résiste-t-elle?

J.-L. B. : Certes, il me faut une nouvelle fois le redire, je vois combien depuis que j'ai écrit cette étude sur Rimbaud le regard que je porte sur ses œuvres, devrais-je dire s'est modifié, tant il me semble aussi que je suis plus proche maintenant de l'écoute de lecture et de la sensibilité de l'enfant, de l'adolescent que j'ai été – seulement enrichies de tout ce qui fut lu et vécu entre-temps. Relisant donc ces temps-ci les poésies de Rimbaud, j'éprouvais je crois bien une émotion semblable à celle que j'avais éprouvée jadis et j'étais donc amené à me demander si, malgré tout ce que mon étude comporte d'abstrait et de théorique, je lui avais été, au temps où je l'écrivais, fidèle.

Il est sûr que j'insisterais moins maintenant sur ce que je désignais alors comme « retrait du signifié » et que j'essaierais de sortir de ce jeu de renvoi du texte au texte auquel semble condamnée ce que j'appelais alors – était-ce avec d'autres? – l'écriture textuelle, même si je suis prêt à en reconnaître, pour une part, la validité – « Exilé ici, écrit Rimbaud, j'ai eu une scène où jouer les chefs-d'œuvre dramatiques de toutes les littératures. »

Ce qu'est cette scène, ce qui vient à s'y projeter et à s'y jouer, en dehors des chefs-d'œuvre de toutes les littératures, nous présumons bien que la lettre à Demeny et *Alchimie du verbe*, ont pour premier objectif d'affirmer que ce ne peut être en tout cas la réalité référentielle habituelle, le monde extérieur tel qu'il se présente à nos sens et aux données premières de notre intelligence. C'est pourquoi les commentaires qui s'efforcent de retrouver dans les poèmes des données issues *directement* des lieux, des villes par où est passé Rimbaud, des événements de sa vie, de ses opinions, d'options politiques énoncées ailleurs, commettent à mon sens une erreur de méthode, un véritable contresens. Non que bien des épisodes de la vie de Rimbaud, de ses voyages, de ses expériences, de ses rencontres ne soient décelables, mais toujours intégrés pour ce que j'en devine au matériau premier, à ce matériau mental sur lequel Rimbaud semble porter toute son attention, non pas sur tel événement vécu, mais sur ce que la mémoire en restitue, sur les transformations subies par cet événement une fois accompli son passage par l'esprit. Autrement dit, il convient de s'interroger sur le « matériau de base » de celui qui s'est voulu « voleur de feu » : « [...] il devra faire sentir, palper, écouter ses inventions ; si ce qu'il rapporte de *là-bas* a forme, il donne forme ; si c'est informe, il donne de l'informe. » Qu'est donc ce *là-bas* que

Rimbaud prend soin de souligner? N'est-ce donc pas ce qui semble hors d'atteinte parce que situé au lointain profond du plus intime, de ce qu'il dit être « ses visions », ce qu'il nomme aussi « ses enchantements », que Rimbaud essaie de ramener de là-bas par les moyens de la poésie, par un travail absolument unique de métaphorisation.

Pour comprendre ce que j'entends par matériau psychique, par visions (le mot est de Rimbaud), ce qu'il nomme aussi hallucinations simples et hallucinations des mots, il serait bon que l'on essaie de préciser de quelle substance est faite la formation de la mémoire que l'on désigne par souvenir, non point le récit auquel il peut donner lieu, mais l'indéfinissable apparition mentale dont il est fait. Ce qui par lui étant là, ne l'est pas tout à fait. Ce qui a précédé la signification que nous ajouterons. Non point un tableau, ni rien d'analogue à une représentation. Car, à l'instant d'apparition, rien de stable, rien de comparable à une image fixe, les mécanismes de notre fonctionnement cérébral, avant que l'intelligence n'ait fourni son travail d'identification, s'y opposent. Les yeux fermés (aura-t-on remarqué que Rimbaud revient à plusieurs reprises sur ce qui semble avoir été pour lui un moyen ou un recours constant : dans *Phrases* « ... je me jette sur le lit et tourné du côté de l'ombre, je vous vois mes filles! mes reines! », ou déjà au temps des *Poètes de sept ans* « et dans ses yeux fermés voyait des points », « Gisant au pied d'un mur, enterré dans la marne / Et pour des visions écrasant son œil darne »), des apparitions, des scintillements, des linéaments, des traces de mémoire s'entremêlent à des mots si bien que la vision appelle le mot et que le mot renouvelle la vision (le terme « vision » n'est bien sûr encore qu'un pis-aller pour désigner des phénomènes que l'on peut, comme je l'ai fait moi-même pendant des années, s'appliquer à observer). Cela ne se présente (mais ne se représente pas) que pour échapper; si une image advient, elle est aussitôt différente de ce qu'elle était. Point de tableau, mais une scène en mouvement : tout est mobile en effet, instable, évanescent, et cependant se reconnaît. Ce n'est donc pas que Rimbaud refuse la « réalité » du monde extérieur, c'est qu'il ne veut observer et ne prend comme matériau de poésie que ce qui est déjà passé par l'esprit, ce que l'esprit y a déposé, qu'il a transformé. Visions dans lesquelles on peut retrouver des données fournies par la mémoire, les traces que selon les circonstances auront imprimées les perceptions, les lectures, ce que nous avons appris, enfin tout ce qui forme le tissu d'apparition de la pensée. « Ta mémoire et tes sens ne seront que la nourriture de ton impulsion créatrice » (*Jeunesse*). « ... j'assiste à l'éclosion de ma pensée : je la regarde (visions), je l'écoute (langue). » C'est pourquoi aussi la métaphorisation est indispensable pour signaler, rendre sensible la nature de ce matériau et que, s'il persiste des fragments de la vie, on ne peut les en extraire sans détruire le poème.

Tout ce qu'il y a d'inopiné, de semblant d'arbitraire dans ces retours, leur vie fugace, la rapidité de leur remplacement, leur extrême mobilité, tout cela n'est pas dissociable d'un mouvement et d'un rythme dont on ne rencontre l'équivalent que dans la musique. Les références à la musique sont innombrables : « ... j'assiste à l'éclosion de ma pensée [...] : je lance un coup d'archet : la symphonie fait son remuement dans les profondeurs, ou vient d'un bond sur la scène. » Sur cette scène, des scènes en effet se construisent, s'inventent, s'imposent avant de disparaître. Le principe de non-contradiction ne les régit pas : « Le petit frère – (il est aux Indes!) là devant le couchant » « Le pavillon en viande saignante sur la soie des mers et des fleurs arctiques ; (elles n'existent pas) » « Toutes les femmes qui l'avaient connu furent assassinées [...] Il n'en commanda point de nouvelles. – Les femmes réapparurent. » Évocations et inventions. Une énonciation amène des évocations similaires : « Je suis le saint, en prière sur la terrasse... Je suis le savant au fauteuil sombre... Je suis le piéton de la grand'route par les bois nains... Je serais bien l'enfant abandonné sur la jetée partie à la haute mer, le petit valet suivant l'allée dont le front touche le ciel. » (*Enfance*)

Répétitions encore, dans l'invocation, d'énoncés dont la structure syntaxique équivalente rappellent comme dans *Dévotion* les litanies de la liturgie :

« À ma sœur Louise Vanaen de Voringhem [...] – Pour les naufragés.

À ma sœur Léonie Aubois d'Ashby [...] – Pour la fièvre des mères et des enfants.

À Lulu [...] – Pour les hommes [...]

Ce soir à Circeto des hautes glaces [...] pour ma seule prière muette [...] »

Comme souvent le poème se termine brutalement, sous l'effet, dirait-on, d'une disparition inattendue :

« – Mais plus *alors*. »

« Alors », souligné, peut avoir diverses significations, selon que l'adverbe se réfère au contenu du poème ou au phénomène de pensée qui lui donna naissance.

Parfois, on dirait, comme dans *Métropolitain*, que les vues qui se forment, se construisent, (et les mots jouent leur rôle, les relançant), sont l'objet d'une reconnaissance globale. Et de nouveau, une même structure de phrase confirme la répétition, dans une même séquence temporelle, d'apparitions similaires.

« Du détroit d'indigo aux mers d'Ossian, sur le sable rose et orange [...], viennent de monter et de se croiser des boulevards de cristal habités incontinent par de jeunes familles pauvres [...] – La ville !

Du désert de bitume fuient droit en déroute, avec les nappes de brume échelonnées en bandes affreuses [...] les casques, les roues, les barques, les croupes – La bataille !

Lève la tête: le pont de bois arqué; les derniers potagers de Samarie; [...] les crânes lumineux dans les plans de pois – et les autres fantasmagories – la campagne.

Des routes bordées de grilles et de murs, [...] – il y a des princesses, et si tu n'es pas trop accablé, l'étude des astres – le ciel.

Le matin où avec Elle, vous vous débattîtes [...] – ta force. »

Remarquons le recours aux tirets: peut-être une ponctuation de l'esprit impliquant une interruption et, malgré tout, un lien.

Il y a dans les *Illuminations*, en relation souvent avec la musique, avec l'harmonie, la description d'ensembles architecturaux. J'ai souvent songé en les lisant aux peintures d'Elstir, le peintre de *À la recherche du temps perdu*, à la description qu'en fait le narrateur et aux raisons qu'il avance pour expliquer les déplacements considérables que l'artiste a introduits dans l'ordre construit par notre perception habituelle des choses, transportant par exemple dans son tableau *Le port de Carquethuit* la mer à l'intérieur de la ville, mettant les bateaux à la place des maisons, abolissant les frontières qu'on a coutume de tracer. « L'effort d'Elstir consistait à ne pas exposer les choses telles qu'il savait qu'elles étaient, mais selon les illusions optiques dont notre vision est faite. » C'est ce même souci d'être fidèle à ce que Proust nomme les impressions, les sensations, le même scrupule à ne pas interposer entre la vision et la description qu'il en fait les données construites par l'intelligence, que je reconnais dans la poésie de Rimbaud. S'il voit une mosquée à la place d'une usine, ce n'est pas l'usine, mais la mosquée qu'il dépeint et surtout le mouvement dont elle est affectée dans la vision, la succession des apparitions mentales et des dissolutions. « Sur les passerelles de l'abîme et les toits des auberges l'ardeur du ciel pavoise les mâts. L'écroulement des apothéoses rejoint les champs des hauteurs où les centauresses séraphiques évoluent parmi les avalanches. » (*Villes* [II]). « Des chalets de cristal et de bois qui se meuvent sur des rails et des poulies invisibles. Les vieux cratères ceints de colosses et de palmiers de cuivre rugissent mélodieusement dans les feux. » (*Villes* [II]). « Un bizarre dessin de ponts, ceux-ci droits, ceux-là bombés, d'autres descendant ou obliquant en angles sur les premiers, et ces figures se renouvelant dans les autres circuits éclairés du canal, mais tous tellement longs et légers que les rives chargées de dômes s'abaissent et s'amoindrissent. » (*Les Ponts*). Phrases auxquelles répondent les descriptions des tableaux d'Elstir « La lumière, inventant comme de nouveaux solides [...] disposait comme les degrés d'un escalier de cristal sur la face matériellement plane, mais brisé par l'éclairage de la mer au matin. » Et encore : « ... des clochers [...] semblaient tenir en suspens au-dessous d'eux toute la masse plus confuse des maisons étagées dans la brume, le long du fleuve écrasé et décousu. »

Mouvements encore, mais aussi rapides que les fantastiques cavalcades des cieux d'orage dans *Michel et Christine*. Les visions succèdent aux visions dépliant une suite d'associations, les images s'engendrent les unes les autres courant vers une profondeur historique qui sera celle de *Mauvais Sang*. Nuages et armées, landes et pastorales. Le Seigneur Christ règne sur un Moyen Âge qui déroule pour nous, amours et cruautés, un paysage à la Bergman au coin duquel se montrent un chien noir, un pasteur encapuchonné, enveloppé dans son ample manteau : « Mais moi, Seigneur ! voici que mon esprit vole, / […] Voilà mille loups, mille graines sauvages / Qu'emporte, non sans aimer les liserons / Cette religieuse après-midi d'orage / Sur l'Europe ancienne où cent hordes iront ! »

Dans *Mémoire*, on ne sait plus très bien si la prose se prête à la poésie versifiée ou si celle-ci se délite maintenant dans la prose. Et pourtant voici un des plus beaux poèmes de notre langue. Serait-ce parce que la métaphore atteint son plus haut degré de fusion et qu'on ne sait si mémoire et scènes d'enfance trouvent dans la rivière l'exact reflet de ce qu'elles sont, si la mémoire semblable à une rivière est troublée par les apparitions fragiles, fugaces, fuyantes et imprévisibles ou si la rivière offre à l'esprit une possible vue sur la nature des propositions de la mémoire ? Le tressage est si complexe et serré qu'on ne peut à coup sûr démêler les brins et les identifier « L'ébat des anges ; – Non... le courant d'or en marche, / meut ses bras, noirs, et lourds, et frais surtout, d'herbe. Elle / sombre, avant le Ciel bleu pour ciel-de-lit, ... » Ou encore : « Les robes vertes et déteintes des fillettes / font les saules, d'où sautent les oiseaux sans brides. »

Tant d'autres traits nous montreraient, malgré l'éloignement de la fonction représentative, la singularité de chacun de ces poèmes.

L. Z. : Au fond peut-être pourrait-on dire qu'il y a une première singularité, celle des opérations mentales à chaque fois mises en lumière par tel ou tel poème. Car chaque poème, par un travail indissolublement thématique et formel, peut mettre en avant des pans différents d'une activité mentale qui pour être protéiforme n'en connaît pas moins, sans doute, des accentuations qui se distinguent. Mais n'y aurait-il pas malgré tout chez Rimbaud un travail de la référence ? Ne doit-on pas souligner, comme vous le faites du reste, comme le ferait par exemple Jean-Luc Steinmetz, que Rimbaud ne peut pas se comprendre de manière tout à fait exclusive dans le cercle fermé du texte ? Il y aurait alors malgré tout un certain travail de la représentation chez Rimbaud, mais d'une représentation profondément modifiée, d'une représentation impure, hybride, qui inclut justement la singularité du travail mental. La place particulière de Rimbaud dans la modernité, sa différence peut-être avec Mallarmé et Lautréamont, tiendrait au maintien, dialectique, violent, obstiné, de cette hybridité. Accepteriez-vous de dire cela aujourd'hui ?

J.-L. B. : Pierre Brunel, lorsqu'il évoque les réalités extérieures au texte dont la mention serait utile à sa compréhension, s'abrite derrière un de ces termes latins (*realia* en l'occurrence) qui servaient à spécifier ces choses qu'il n'était autrefois pas bienséant d'exprimer en langue vulgaire. Jean-Luc Steinmetz, faisant preuve de la même circonspection, laisse probablement passer une discrète ironie lorsqu'il dénomme « tenants de la référence » ceux qui par un recours excessif à ces mêmes *realia* s'efforcent de traduire Rimbaud en langue vulgaire et qui, ayant pratiqué une alchimie inverse, nous montrent fièrement le tas de plomb qu'ils ont tiré des feuilles d'or que leur tendait le poète.

Car votre question, me semble-t-il, touche encore à la difficulté que nous avons effleurée plus haut. Y aurait-il un bon usage de la référence, c'est-à-dire de tout ce qu'emporte avec elle l'existence de Rimbaud jusqu'aux années 1874-1875 ? Peut-être. Mais alors à la manière d'Yves Bonnefoy qui accomplit un trajet en sens inverse de celui qu'effectuent les « tenants de la référence ». Au lieu de chercher à élucider la signification de telle ou telle partie de l'œuvre en sollicitant les incidents, les événements, les épisodes connus ou découverts par des chercheurs tout de même estimables et utiles, il demande à l'œuvre elle-même de retracer le parcours de la pensée de Rimbaud et de dessiner le mouvement sinueux, hésitant, incertain d'une évolution spirituelle dont, selon lui, l'espérance et, partant, la lucidité construisent l'unité.

Si, à partir de la rupture que j'ai indiquée, on peut reconnaître en effet à chacun des poèmes, par son thème, par l'expérience qu'il suppose, par les affects qui y sont associés, par les objets qui sont proposés et par sa forme spécifique (description, énumération, récit, conte, légende) une singularité, on ne doit pas moins concéder que les uns et les autres semblent unis par une même inspiration et nés d'une même contrainte – qui n'est pas celle d'un style ou d'une manière. Autrement dit, Rimbaud de l'un à l'autre poursuit un même objectif ayant pour moyen et pour fin la poésie qui, en tant que mode de connaissance, aboutit à une remise en cause de structures de pensée responsables d'une approche erronée, d'une vue illusoire de soi-même et des choses. Il s'agit pour Rimbaud d'effectuer un mouvement, une sortie sans retour hors de ce qu'il nomme « poésie subjective ». C'est en ce sens d'abord, en tant que la poésie serait ou apporterait un mode de connaissance en rupture, qu'on doit bien supposer qu'elle s'évade du « cercle fermé du texte ».

Lorsqu'on relit l'ensemble de l'œuvre poétique de Rimbaud, il est difficile de ne pas être sensible à la continuité d'un travail qui depuis les tout premiers poèmes, dans une prise de conscience progressive et avec une réussite croissante, vise à écarter des mots et des expressions devenus des pièges à idées toutes faites, des inducteurs de stéréotypes et de sentimentalisme, des porteurs de ce que je désigne par « représentations ». Le mot peut avoir bien des significations, mais quel que soit le contenu de la représentation, qu'elle appartienne à la sphère psychique, que l'on songe à la signification théâtrale, au motif que l'artiste peint, elle se caractérise par une aptitude à la reproduction. Sa tendance est de se répéter telle quelle. Je voyais en elle un tenant-lieu fixé et indéfiniment reproductible de pensées, de désirs, d'affects, d'images, de souvenirs constitués, dont la source n'est pas toujours accessible.

Un sort fatal unit le mot à la représentation et le travail poétique de Rimbaud a, semble-t-il, pour premier objectif de dénouer le lien qui, de mots en mots, inévitablement se reconstitue. C'est par un travail de métaphorisation, par des sauts, des déplacements, des ruptures signalées par des tirets, qu'il s'efforce, pour lui-même, pour obtenir la pleine disponibilité de sa propre scène mentale, pour l'instruction du lecteur virtuel que suppose l'acte d'écriture, de déjouer le retour inexorable de la représentation, de la signification attendue, des projections trop prévisibles des lecteurs. Quel est ce « vous » auquel s'adresse le « je » de *Vies* I. Si je songe à votre question, il m'apparaît en lisant ce poème que le cercle est à la fois fermé et ouvert pour autant qu'il renvoie à une « réalité » préexistante légendaire (« Qu'a-t-on fait du brahmane qui m'expliqua les Proverbes ? »), aux interrogations du narrateur et à celui qu'il convoque (« Je vous indiquerais des richesses inouïes. J'observe l'histoire des trésors que vous trouvâtes. Je vois la suite! Ma sagesse est aussi dédaignée que le chaos. Qu'est mon néant, auprès de la stupeur qui vous attend ? ») Ainsi suis-je porté à croire que Rimbaud fait allusion à cette entreprise d'harmonie déceptive, d'ébranlement du mécanisme des représentations que la langue, mais aussi la littérature, la poésie immanquablement attirent. La difficulté de l'œuvre de Rimbaud relève de cette intention de renouvellement radical de son esprit et de la poésie par une stratégie poétique visant à suspendre le flux des représentations naissantes par ce que j'ai désigné comme un travail de métaphorisation, par des ruptures brutales de continuité, par le heurt d'images contradictoires, par l'imprévu des productions mentales apparentées au rêve. Ne pourrait-on pas dire que le monde des représentations, comme toutes les réminiscences volontaires ou spontanées de l'existence biographique, par ce qu'on interprète aussi comme des allusions à sa vie, à ses voyages

(*Vagabonds*, *Matinée d'ivresse*, *Promontoire*) est présent dans le travail poétique qui les suppose et le plus souvent les combat, tente d'en conjurer l'inévitable retour ? Sans doute les titres des poèmes comme ceux de pièces musicales peuvent-ils orienter les associations du lecteur comme elles orientent celles de l'auditeur, mais tout comme en musique chaque phrase induisant d'autres associations recouvre les associations nées de la précédente. Et reconnaissons l'intolérance de Rimbaud au déjà « vu », au déjà « eu », au déjà « connu » et son perpétuel besoin de « départ dans l'affection et le bruit neufs ».

La fascination que l'œuvre de Rimbaud continue d'exercer tiendrait-elle donc aussi à la résistance qu'elle oppose à l'emprise des représentations, à l'assaut des significations toujours trop restreintes que nous lançons vers elle ? Elle se refuse à l'appropriation. Il semble qu'à chaque lecture nouvelle nous tentions d'en franchir le seuil, qu'elle est prête à nous accueillir. Et cependant, après avoir cru effectuer un nouveau parcours, nous ne sommes toujours pas sûrs d'avoir avancé d'un pas. Devant le seuil, et seulement, espérons-nous, un peu mieux préparés à le franchir.

TABLE

Préface   7
Une autre manière de lire Rimbaud
Laurent Zimmermann

Le Texte de Rimbaud   21
Jean-Louis Baudry

Entretien   109
Jean-Louis Baudry/Laurent Zimmermann

Achevé d'imprimer
en septembre 2009
sur les presses de l'imprimerie Offset 5
à la Mothe-Achard

Dépôt légal : octobre 2009
ISBN 978-2-35018-084-7